f-bb-online

Marianne Kreuder-Schock, Sylvia Lietz, Irina Kreider,
Sabrina Lorenz, Thomas Schley

Barrieren digitaler Teilhabe erkennen und überwinden

Ein Leitfaden für die Praxis

GEFÖRDERT VOM

DURCHGEFÜHRT VOM

Bibliografische Information der Deutschen Nationalbibliothek
Die Deutsche Nationalbibliothek verzeichnet diese Publikation in der Deutschen Nationalbibliografie; detaillierte bibliografische Daten sind im Internet über http://dnb.ddb.de abrufbar.

Impressum
f-bb-online
Schriftenreihe des Forschungsinstituts Betriebliche Bildung (f-bb)
ISSN 2197-8026

Herausgegeben von
Dr. Iris Pfeiffer
Forschungsinstitut Betriebliche Bildung (f-bb) gGmbH
Rollnerstraße 14
90408 Nürnberg
www.f-bb.de

Das Forschungsinstitut Betriebliche Bildung (f-bb) arbeitet seit 2003 an der Weiterentwicklung des Systems der beruflichen Bildung durch Forschung in Deutschland und international. Das Leistungsspektrum umfasst die Durchführung von Modellversuchen, Gestaltungs- und Transferprojekten, die wissenschaftliche Begleitung von Förderprogrammen, die Evaluation von Verordnungen und Maßnahmen sowie die Umsetzung von Fallstudien, empirischen Erhebungen und Analysen.

Autorinnen und Autoren
Marianne Kreuder-Schock, Sylvia Lietz, Irina Kreider, Sabrina Lorenz, Thomas Schley

Förderhinweis
Dieser Leitfaden ist eine Publikation des f-bb, entstanden im Projekt „Zukunft digitaler Teilhabe von Menschen mit Behinderung – Chancen, Risiken und Lösungsmöglichkeiten (digitaleTeilhaBe)“. Das diesem Bericht zugrunde liegende Vorhaben wurde mit Mitteln des Bundesministeriums für Bildung und Forschung unter dem Förderkennzeichen 16INS103 gefördert. Die Verantwortung für den Inhalt dieser Veröffentlichung liegt bei den Autorinnen und dem Autor.

2024 wbv Publikation
ein Geschäftsbereich der wbv Media GmbH & Co. KG, Bielefeld

Gesamtherstellung
wbv Media GmbH & Co. KG, Bielefeld
wbv.de

Bildnachweis
Titelbild: pexels.com/Marcus Aurelius

Erscheinungsjahr
2024
ISBN (Print): 978-3-7639-7709-3
DOI: 10.3278/9783763976744
Diese Publikation ist frei verfügbar zum Download
unter https://www.f-bb.de/informationen/publikationen

Zitiervorschlag
Kreuder-Schock, M., Lietz, S., Kreider, I., Lorenz, S., & Schley, T. (2024):
Barrieren digitaler Teilhabe erkennen und überwinden. Ein Leitfaden für die Praxis.
Bielefeld: wbv Publikation
f-bb-online 01/2024
Verfügbar unter: https://doi.org/10.3278/9783763976744

Inhalt

Vorwort

Der vorliegende Leitfaden entstand im **Projekt „Zukunft digitaler Teilhabe von Menschen mit Behinderung – Chancen, Risiken und Lösungsmöglichkeiten (digitaleTeilhaBe)" des Forschungsinstituts Betriebliche Bildung (f-bb)**, welches im Rahmen der Förderinitiative INSIGHT (Interdisziplinäre Perspektiven des gesellschaftlichen und technologischen Wandels) des Bundesministeriums für Bildung und Forschung im Zeitraum vom 01.11.2021 bis zum 29.02.2024 unter dem Förderkennzeichen 16INS103 gefördert wurde. Die Verantwortung für den Inhalt dieser Veröffentlichung liegt bei den Autorinnen und dem Autor.

Das Projekt zielte auf die Identifikation aktueller und zukünftiger Chancen, Herausforderungen und Risiken von Menschen mit unterschiedlichen Behinderungen im Kontext digitaler Medien und digitaler Bildung ab. Darüber hinaus sollen Entwicklungs- und Unterstützungsbedarfe und -möglichkeiten zur Stärkung von digitaler Teilhabe in Bildungs- und Arbeitsprozessen erfasst und ausdifferenziert werden. Auf Basis der gewonnenen Erkenntnisse wurden Lösungsansätze erarbeitet und für Bildungs-, Forschungs- und Innovationspolitik aufbereitet.

Hierzu führte das f-bb verschiedene, partizipative Erhebungsformate mit Menschen mit Behinderungen als Expertinnen und Experten in eigener Sache durch. Um diese Perspektive auch in den Präsenzworkshops abzubilden, die entsprechend der Methode der Zukunftswerkstatt durchgeführt werden, wurden neben Menschen mit Behinderungen selbst auch Betroffenenvertretungen wie der Bundesverband für körper- und mehrfachbehinderte Menschen, der Blinden- und Sehbehindertenverband Sachsen-Anhalt, der Deutsche Verband für Morbus Bechterew oder der Behindertenrat der Stadt Nürnberg beteiligt. Darüber hinaus wurden weitere Akteure beruflicher Rehabilitation eingebunden, z. B. Leistungsträger wie die Deutsche Rentenversicherung und die Bundesagentur für Arbeit sowie Bildungsträger der beruflichen Rehabilitation wie die bfz gGmbH Nürnberg oder die Integrationsfachdienste Mittelfranken und Magdeburg/Stendal. Am Projekt waren zahlreiche Personen beteiligt, die sich mit viel Engagement und Fachwissen eingebracht haben.

Wir möchten uns an dieser Stelle herzlich bei allen Beteiligten bedanken, ohne deren Unterstützung dieses Projekt nicht möglich gewesen wäre. Wir möchten uns auch bei all jenen bedanken, die an den weiteren quantitativen und qualitativen Erhebungen teilgenommen haben und nicht namentlich genannt werden können oder nicht genannt werden möchten. Ihre Unterstützung war essenziell für die erfolgreiche Umsetzung des Projekts.

Thomas Schley und Sabrina Lorenz (Projektgruppenleiter und Projektkoordinatorin am f-bb)

Einleitung

Vor dem Hintergrund der SARS-CoV-II-Pandemie sowie im Zuge aktueller Megatrends wie New Work, Arbeit 4.0 oder Industrie 4.0 gewinnt Digitalisierung in allen Lebens- und Arbeitsbereichen immer stärker an Bedeutung (Döring et al., 2022; Helmold, 2023). Arbeitsplätze werden digitaler und flexibler: Home-Office oder mobiles Arbeiten gehören in vielen Branchen inzwischen zum Alltag. Hierdurch entstehen neuen Möglichkeiten der Teilhabe für Menschen mit Einschränkungen. Digitale Teilhabe für Menschen mit Behinderungen ist allerdings noch nicht überall gegeben: Zum einen fehlen stellenweise das entsprechende Equipment und geeignete Zugänge zu digitalen Medien. Zum anderen fehlen teilweise notwendige Kompetenzen im Umgang mit digitalen Medien, sowohl aufseiten der Fachkräfte als auch aufseiten der Menschen mit Behinderung (Borgstedt & Möller-Slawinski, 2020; Bosse & Haage, 2020; Johansson et al., 2021; Lorenz et al., 2020).

Der „digital disability divide"

Prinzipiell besteht im Zuge der digitalen Transformation der Arbeitswelt die Gefahr der digitalen Ausgrenzung bzw. einer „digitalen Kluft" („digital divide") zwischen Menschen mit und ohne Behinderungen auf dem Arbeitsmarkt (Bosse & Haage, 2020; Wieschowski, 2021).

Dabei zeigen viele Untersuchungen, dass v. a. auch die Behinderungsart einen nicht zu vernachlässigenden Einfluss auf die Chancen und Risiken der Digitalisierung für Menschen mit Behinderungen hat (Chadwick et al., 2013; Engels, 2016): Menschen mit Körper- und/oder Sinnesbehinderungen profitieren bisweilen stärker von Digitalisierung als Menschen mit psychischen/seelischen oder kognitiven/geistigen Behinderungen, da körperliche oder Sinnes-Barrieren häufig durch digitale Technologien verringert oder abgebaut werden können. Beispielsweise können Menschen mit Sehbehinderungen eine Braille-Zeile am Computer anschließen oder digitale Screen-Reader nutzen, Menschen mit Höreinschränkungen können häufig auf Gebärdensprachvideos oder auf (teilweise automatisierte) Simultanübersetzungen zurückgreifen und für Menschen mit körperlichen Behinderungen können assistive Technologien und Prothetik wie Exoskelette oder spezielle Prothesen eine Unterstützung leisten. Dies bedeutet nicht, dass für diese Zielgruppen keine Barrieren oder Gefahren durch digitale Medien entstehen, allerdings gibt es für bestimmte behinderungsbedingte Herausforderungen bereits entsprechende Lösungen.

Im Bereich der psychischen oder kognitiven Behinderungen besteht jedoch keine derart offensichtliche Kompensation durch Technik, was zur Folge hat, dass bislang nur wenig digitale Assistenzsysteme für diese Personengruppen verfügbar sind. Blanc und Beudt (2022) zeigen anhand ihrer Recherchen zu Technologien für Menschen mit Behinderungen im Kontext der beruflichen Rehabilitation, dass von den 157 erfassten Technologien lediglich 18 psychische Behinderungen (z. B. Anwendungen, die Emotionen, Motivation oder Stimmungen erfassen und diesbezüglich Hilfestellung beim Arbeiten und/oder Lernen geben) und Lernbehinderungen adressierten, während 103 Körper- und Sinnesbehinderungen berücksichtigen. Hinzu kommt, dass Menschen mit psychischen und kognitiven Behinderungen zusätzlichen Gefahren der Exklusion durch die digitale Transformation gegenüberstehen: Routinearbeitsplätze, bei denen häufig Menschen mit kognitiven Behinderungen beschäftigt sind, werden im Zuge der Digitalisierung durch komplexere Tätigkeiten substituiert (Dengler & Matthes, 2021). Außerdem nehmen die Komplexität und Schnelligkeit von Arbeitsschritten und Prozessen zu, während gleichzeitig immer stärkere visuelle und auditive Reize entstehen, was vor allem für Menschen mit seelischen bzw. psychischen Behinderungen potenzielle Barrieren verstärkt (Engels, 2016). Dies lässt einen „digital disability divide" erkennen, welcher beschreibt, dass Menschen mit verschiedenen Behinderungen unterschiedlichen Exklusionsrisiken unterliegen.

Digitale Teilhabe? Soziale Teilhabe!

Heutzutage sind ein selbstverständlicher Einsatz sowie die Nutzung digitaler Medien und Technologien unabdingbar geworden, um eine vollständige berufliche und soziale Teilhabe von Menschen mit Behinderung zu ermöglichen (Borgstedt & Möller-Slawinski, 2020; Bundesarbeitsgemeinschaft für Rehabilitation e. V., 2021).

Digitale Teilhabe bedeutet nämlich nicht ausschließlich, Zugang zu bestimmten technischen Assistenzsystemen oder Hilfsmitteln zu haben, sondern setzt sich vielmehr aus drei Teilbereichen zusammen. Diese sind zwar voneinander abgegrenzt, greifen inhaltlich jedoch stark ineinander und bedingen sich teilweise gegenseitig: Teilhabe an, Teilhabe durch und Teilhabe in digitalen Technologien, wobei der Begriff digitale Technologien teilweise synonym zu digitalen Medien genutzt wird (Borgstedt & Möller-Slawinski, 2020; Bosse, 2016, Kreider et al., 2023).

Teilhabe an digitalen Technologien versteht vor allem die Verknüpfung von Zugänglichkeit und kompetenter Nutzung digitaler Technologien für bestimmte Personengruppen (Borgstedt & Möller-Slawinski, 2020). Hierunter fällt, ob ein einfacher und sicherer Zugang sowohl zu Technologien und Medien als auch zu

erforderlicher Hard- und Software vorhanden ist. Damit gehen auch Rahmenbedingungen einher, wie z. B. eine flächendeckende Infrastruktur durch die vollständige technische Verfügbarkeit breitbandiger Internetzugänge. Des Weiteren gehören zu dieser Dimension der Erwerb digitaler Kompetenzen für eine kompetente Nutzung und einen souveränen Umgang mit digitalen Technologien (wie z. B. verschiedene Hard- und Software) – sowohl aufseiten von Menschen mit Behinderung selbst als auch aufseiten von Fachkräften, die Menschen mit Behinderung betreuen.

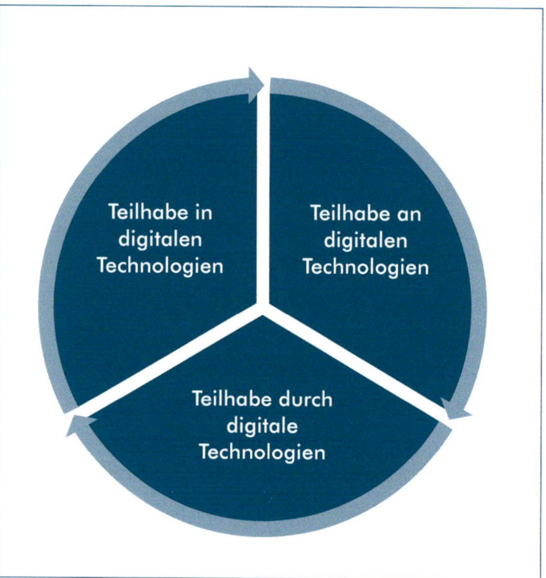

Abbildung 1: Verzahnung der Teilbereiche Digitaler Teilhabe

Die zweite Dimension, *Teilhabe durch digitale Technologien*, zielt vorrangig auf die Themen digitale Assistenzsysteme, assistive Technologien und technische Hilfsmittel (z. B. Prothesen, Lagerungshilfen oder Notrufsysteme) ab (Borgstedt & Möller-Slawinski, 2020). Digitalisierung schafft alternative Zugangsmöglichkeiten für Menschen mit Behinderungen, indem Technologien als Werkzeuge genutzt werden können, um eigenständig Informationen zu erlangen oder Tätigkeiten erledigen zu können. Bisherige Ansätze für Teilhabe durch digitale Technologien lassen sich oft im Bereich des SmartHome bzw. Ambient Assisted Living finden, z. B. Türklingeln mit Lichtimpulsen oder Sprachsteuerungen.

Die dritte Dimension, *Teilhabe in digitalen Technologien*, bezeichnet die aktive Teilnahme und Gestaltung an und in digitalen Medien; hier wird zumeist Social Media als prominentes Beispiel angeführt (Borgstedt & Möller-Slawinski, 2020; Bundesarbeitsgemeinschaft für Rehabilitation e. V., 2021; Johansson et al., 2021). So kann z. B. auch die Nutzung von Foren, Blogs oder anderen Plattformen in diesen Bereich fallen, politische und gesellschaftliche Teilhabe im Rahmen von Aktionen oder Petitionen, die online geschaltet werden, sind ebenfalls unter diesem Sammelbegriff zu verstehen (Borgstedt & Möller-Slawinski, 2020). Eine Teilhabe in digitalen Technologien ist wichtig, schließlich gehen Identität, Selbstbewusstsein und Entstigmatisierung mit der Sichtbarkeit von Menschen mit Behinderung in (sozialen) Medien einher (Keuchel, 2018). Doch die Dimension ist nicht nur im privaten Bereich relevant. Auch berufliche Prozesse, wie beispielsweise die Nutzung von Jobbörsen, Bewerbungsplattformen oder beruflichen Netzwerken, werden künftig immer stärker in den digitalen Raum verlagert.

Durch die aktive Einbeziehung von Menschen mit Behinderung und Vertreter*innen aus Unterstützungsstrukturen sollten im Projekt Handlungsfelder identifiziert werden, um die digitale Teilhabe differenziert für Menschen mit unterschiedlichen Beeinträchtigungen aktiv zu gestalten. Hierzu sollten konkret Barrieren und Lösungsansätze zur Förderung der digitalen Teilhabe von Menschen mit Behinderung sowohl durch Betroffene selbst (Mikroebene) als auch bei Leistungserbringern (beruflicher Rehabilitation) (Mesoebene) identifiziert werden, die in diesem Leitfaden dargestellt werden.

Die identifizierten Bedarfe und Handlungsfelder auf Makroebene werden in einer separaten Veröffentlichung dargelegt: *Kreuder-Schock, M., Lietz, S., Kreider, I., Lorenz, S., & Schley, T.: Strukturelle Barrieren digitaler Teilhabe. Handlungsfelder für politische Aktivitäten. f-bb-online 02/24)*

Wie dieser Leitfaden aufgebaut ist

Dieser Leitfaden ist insgesamt in zwei verschiedene Abschnitte unterteilt. Im ersten Abschnitt soll das zugrunde liegende Projekt „Zukunft digitaler Teilhabe von Menschen mit Behinderung – Chancen, Risiken und Lösungsmöglichkeiten" – kurz: digitaleTeilhaBe – behandelt werden. Insbesondere sollen das methodische Vorgehen des Projektes (vgl. **Kapitel 1**) und die dazugehörigen wissenschaftlichen Erkenntnisse dargestellt werden (vgl. **Kapitel 2**).

Im zweiten Abschnitt werden die erhobenen Ergebnisse aufbereitet und systematisiert zur Verfügung gestellt. Im Leitfaden werden insbesondere jene Barrieren behandelt, die sehr häufig über alle Zielgruppen (vgl. **Kapitel 1.2**) hinweg genannt wurden.

Herzstück des Leitfadens sind die in den Kapiteln 3 und 4 beschriebenen Barrieren (**Kapitel 3**) und Lösungsansätze (**Kapitel 4**), die Praktiker*innen und Betroffenen gleichermaßen Lösungsideen für bestimmte Probleme an die Hand geben. Die genannten Barrieren und Herausforderungen werden jeweils mit Zitaten aus den verschiedenen Erhebungen illustriert.

Die Ansätze sind aus den Wünschen der Befragten zur Lösung ihrer benannten Probleme mit digitaler Teilhabe erwachsen und speisen sich darüber hinaus auch aus Lösungsideen, die in den Zukunftswerkstätten gemeinsam erarbeitet werden konnten. Da sich der Leitfaden an Praktiker*innen und Betroffene richtet, werden hier vorrangig Möglichkeiten vorgestellt, die kurzfristig durch Betroffene selbst bzw. durch ihr Umfeld umgesetzt werden können und keiner strukturellen Veränderung (zum Beispiel auf politischer oder gesetzlicher Ebene) bedürfen. Die einzelnen Lösungsansätze beziehen sich immer auf bestimmte Barrieren, die als Ausgangslage für die Lösungen dienen: Das heißt, die Lösungen sollen Barrieren beseitigen. Dabei überschneiden sich verschiedene Lösungsansätze; so können einzelne Lösungsideen für Beseitigung bzw. Verringerung verschiedener Barrieren angewendet werden.

Mögliche Handlungsfelder für politische Ebenen und strukturelle Lösungsansätze werden in einer gesonderten Veröffentlichung beschrieben. Hier handelt es sich um Lösungen, die unter anderem politische und gesetzliche Änderungsdimensionen beinhalten, daher also nicht ohne Weiteres für das Individuum und sein Umfeld umzusetzen sind (vgl. Kreuder-Schock et al., 2024).

ICF-Klassifikation	Barriere	Lösungsansatz
Aktivitäten und Teilhabe		
Interpersonelle Interaktionen und Beziehungen	Fehlende Sozialkontakte **» Kapitel 3.1**	Raum für Sozialkontakte ermöglichen **» Kapitel 4.8**
		Strukturierung von außen anbieten **» Kapitel 4.12**
		Feste Ansprechpersonen einsetzen **» Kapitel 4.7**
Kommunikation	Umgang mit Video-telefonie-Programmen **» Kapitel 3.7**	Barrierefreie Zugänge schaffen **» Kapitel 4.2**
		Unterstützung von Betroffenen beim Erlernen neuer Programme **» Kapitel 4.11**
		Einheitliche Ansprechstelle schaffen **» Kapitel 4.5**
		Feste Ansprechpersonen einsetzen **» Kapitel 4.7**
Lernen und Wissensanwendung	Nicht ausreichende Bedienkompetenz/ Digital Literacy **» Kapitel 3.8**	Einheitliche Ansprechstelle einrichten **» Kapitel 4.5**
		Bedien- und digitale Kompetenzen Betroffener stärken **» Kapitel 4.6**
		Betroffene in Entscheidungs- und Entwicklungsprozesse einbinden **» Kapitel 4.4**
		Feste Ansprechpersonen einsetzen **» Kapitel 4.7**
		Bedienerfreundlichkeit verbessern **» Kapitel 4.12**

ICF-Klassifikation	Barriere	Lösungsansatz
Umweltfaktoren		
Einstellungen	Fehlendes Wissen bei Dritten **» Kapitel 3.2**	Betroffene in Entscheidungs- und Entwicklungsprozesse einbinden **» Kapitel 4.4**
		Transparenz über Hilfsmittel herstellen **» Kapitel 4.10**
		Akzeptanz von Hilfsmitteln fördern **» Kapitel 4.1**
		Bewusstseinsbildende Maßnahmen durchführen **» Kapitel 4.3**
		Einheitliche Ansprechstellen einrichten **» Kapitel 4.5**
Dienste, Systeme, Handlungsgrundsätze	Kommunikationsschwierigkeiten mit formellen Systemen **» Kapitel 3.5**	Feste Ansprechpersonen einsetzen **» Kapitel 4.7**
		Raum für Sozialkontakte ermöglichen **» Kapitel 4.8**
		Einheitliche Ansprechstelle schaffen **» Kapitel 4.5**
Produkte und Technologien	Fehlender Zugang zu Geräten **» Kapitel 3.4**	Akzeptanz von Hilfsmitteln fördern **» Kapitel 4.1**
		Bewusstseinsbildende Maßnahmen durchführen **» Kapitel 4.3**
		Betroffene in Entscheidungs- und Entwicklungsprozesse einbinden **» Kapitel 4.4**
		Transparenz über Hilfsmittel herstellen **» Kapitel 4.10**

ICF-Klassifikation	Barriere	Lösungsansatz
Produkte und Technologien	Fehlende Barrierefreiheit digitaler Technologien » **Kapitel 3.6**	Barrierefreie Zugänge schaffen » **Kapitel 4.2**
		Betroffene in Entscheidungs- und Entwicklungsprozesse einbinden » **Kapitel 4.4**
		Einheitliche Ansprechstelle schaffen » **Kapitel 4.5**
Produkte und Technologien	Nicht ausreichende Usability » **Kapitel 3.8**	Betroffene in Entscheidungs- und Entwicklungsprozesse einbinden » **Kapitel 4.4**
		Bedienerfreundlichkeit verbessern » **Kapitel 4.12**
		Feste Ansprechpersonen einsetzen » **Kapitel 4.7**
		Bedien- und digitale Kompetenzen Betroffener stärken » **Kapitel 4.6**
Produkte und Technologien Unterstützer*innen und Beziehungen	Ungeeignete Arbeitsplatzausstattung » **Kapitel 3.3**	Akzeptanz von Hilfsmitteln fördern » **Kapitel 4.1**
		Bewusstseinsbildende Maßnahmen durchführen » **Kapitel 4.3**
		Betroffene in Entscheidungs- und Entwicklungsprozesse einbinden » **Kapitel 4.4**
		Transparenz über Hilfsmittel herstellen » **Kapitel 4.10**
Produkte und Technologien	Fehlende Kompatibilität von Assistenzsystemen » **Kapitel 3.10**	Betroffene in Entscheidungs- und Entwicklungsprozesse einbinden » **Kapitel 4.4**
		Transparenz über Hilfsmittel herstellen » **Kapitel 4.10**
		Bedien- und digitale Kompetenzen Betroffener stärken » **Kapitel 4.6**

Projektvorstellung: Zukunft digitaler Teilhabe von Menschen mit Behinderung – Chancen, Risiken und Lösungsmöglichkeiten (digitaleTeilhaBe)

Aufgrund der immer stärker werdenden Notwendigkeit des Einsatzes und der Nutzung digitaler Medien in der Aus- und Weiterbildung wird eine umfassende Betrachtung der digitalen Teilhabe von Menschen mit Behinderung immer wichtiger – nicht zuletzt auch, um dem Thema des Fachkräftemangels noch besser begegnen zu können.

Hier setzte das Projekt „Zukunft digitaler Teilhabe von Menschen mit Behinderung – Chancen, Risiken und Lösungsmöglichkeiten (digitaleTeilhaBe)“ an.

1. Das Projekt: Methodisches Vorgehen und Partizipation

1.1 Projektziele

- Identifikation aktueller und zukünftiger Chancen, Herausforderungen und Risiken von Menschen mit Behinderungen im Kontext digitaler Medien und digitaler Bildung
- Erfassung und Ausdifferenzierung von Entwicklungs-/Unterstützungsbedarfen und -möglichkeiten zur Stärkung digitaler Teilhabe in Bildungs- und Arbeitsprozessen
- Erarbeitung von Lösungsansätzen auf Basis der gewonnenen Erkenntnisse für Bildung und Forschung

1.2 Zielgruppen

- Menschen mit Behinderungen
- Leistungserbringer beruflicher Reha
- Leistungsträger
- Interessenvertretungen
- Kammern
- Verbände
- Unternehmen
- Regionale Leuchttürme
- etc.

Bedarfe und Barrieren sollten für Menschen mit den **unterschiedlichsten Behinderungsarten** identifiziert werden. Dabei wird (losgelöst von einer Stigmatisierung von verschiedenen medizinischen Diagnosen) der Fokus auf Behinderungsauswirkungen und die damit einhergehenden Barrieren gelegt, mit denen Menschen mit verschiedenen Behinderungen gleichermaßen umgehen müssen. Gleichzeitig blieb die Unterscheidung zwischen den vier übergeordneten Behinderungsarten (körperlich, seelisch, kognitiv und Sinnesbehinderung) erhalten, um sowohl dem „digital disability divide" als auch dem Sozialgesetzbuch IX Rechnung zu tragen. Ansatzpunkt hierbei war, dass für verschiedene Auswirkungen wie z. B. eine Konzentrationseinschränkung Lösungen angeboten werden sollten, unabhängig davon, welche Grunderkrankung vorliegt. Wichtig war primär, dass für die einzelnen Barrieren Lösungsansätze gewonnen werden, die auch behinderungsübergreifend für Verbesserungen sorgen können. Dabei darf nicht aus den Augen verloren werden, welche individuellen weiteren Barrieren vorliegen, da diese sich gegenseitig beeinflussen bzw. erweitern können: So benötigt ein Mensch mit Konzentrationsschwierigkeiten und Sehbehinderung entsprechende barrierefreie Unterstützung, während ein Mensch mit Konzentrationsschwierigkeiten ohne Sehbehinderung nicht unbedingt eine zusätzliche Audiodeskription benötigt.

1.3 Menschen mit Behinderungen als Expertinnen und Experten in eigener Sache: Partizipativer Forschungsansatz im Projekt digitaleTeilhaBe

Im Rahmen eines partizipativen Forschungsdesigns, das Menschen mit Behinderung sowie weitere relevante Akteure der beruflichen Rehabilitation einbindet, wurden klassische Erhebungsformate wie eine Online-Befragung und qualitative Interviews (n = 8) mit der Methode der Zukunftswerkstatt kombiniert. Die Online-Befragung diente der Exploration des Untersuchungsgegenstandes, während die qualitativen Interviews sich auf die Zielgruppe der Menschen mit kognitiven und psychischen Behinderungen fokussierten. Die Befragung dieser spezifischen Gruppe wurde durchgeführt, da sie in der Online-Befragung am wenigsten erreicht wurde, hier gleichzeitig aber die größten Herausforderungen und Barrieren vermutet wurden.

Im Rahmen von drei Zukunftswerkstätten wurden Barrieren und Herausforderungen, Bedarfe und idealtypische Lösungen sowie realisierbare Handlungsmöglichkeiten partizipativ erarbeitet (vgl. **Abbildung 3**).

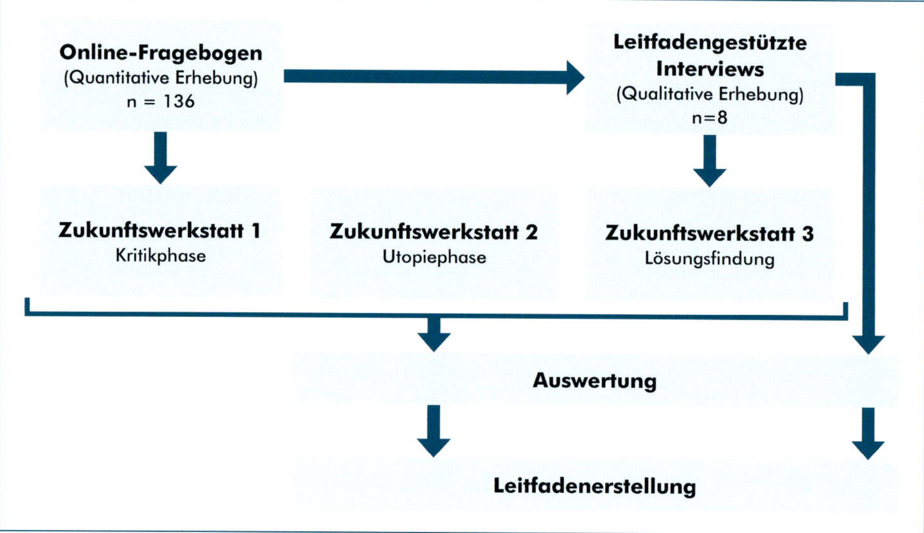

Abbildung 2: Forschungsablauf (eigene Darstellung). Eine barrierefreie Darstellung im Textformat ist in **Anhang 1** zu finden.

Dem partizipativen Forschungsansatz wird im Projekt explizit Rechnung getragen, da es unabdingbar ist, Menschen mit Behinderung als Expertinnen und Experten in eigener Sache miteinzubeziehen. Denn nur so können Barrieren und Bedarfe zielgruppengerecht und realitätskonform formuliert und entsprechende Lösungsmöglichkeiten entwickelt werden.

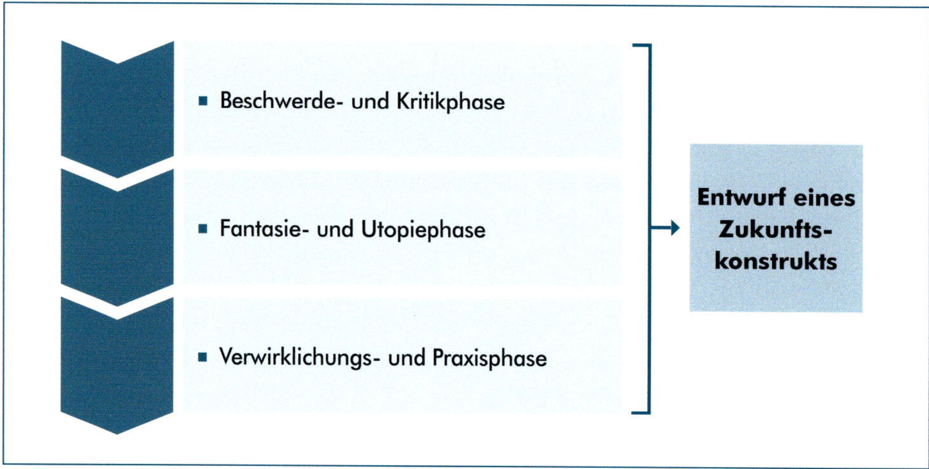

Abbildung 3: Ablaufschema einer Zukunftswerkstatt nach Jungk, Kuhnt und Müllert (1989) (eigene Darstellung). Für eine barrierefreie Darstellung siehe **Anhang 2**.

2. Wissenschaftliche Erkenntnisse des Projekts digitaleTeilhaBe

Im folgenden Abschnitt werden die im Projekt gewonnenen Ergebnisse der Vollständigkeit halber noch einmal übergreifend dargestellt, bevor konkrete Erkenntnisse bzgl. der Barrieren und Lösungsansätze systematisch aufgearbeitet werden. Teilweise bauen die Erhebungen auf Erkenntnissen vorheriger Teilerhebungen auf, wie in **Abbildung 1** ersichtlich.

Vertiefende Ergebnisse können u. a. in diesen Publikationen nachgelesen werden:

Lorenz, S., Kreuder-Schock, M., Kreider, I., Lietz, S., & Schley, T. (2023). Digitale Teilhabe von Menschen mit Behinderung – Erste Erkenntnisse zu Möglichkeiten und Herausforderungen der Digitalisierung im Arbeitsleben. In: QfI – Qualifizierung für Inklusion, Online-Zeitschrift zur Forschung über Aus-, Fort- und Weiterbildung pädagogischer Fachkräfte, Bd. 5 Nr. 2 (2023) und

Kreider, I., Kreuder-Schock, M., Lorenz, S. & Schley, T. (2023). Inklusion und Digitalisierung – Zwischen Chancen und Herausforderungen digitaler Teilhabe von Menschen mit Behinderung. In: Kögler, K., Kremer, H. & Herkner, V. (Hrsg.) (2023): Jahrbuch der berufs- und wirtschaftspädagogischen Forschung 2023. Opladen. Berlin. Toronto: Verlag Barbara Budrich

2.1 Online-Erhebung

Grundsätzlich lassen die Ergebnisse zu den in der Online-Erhebung befragten Menschen mit Behinderung eine vorhandene digitale Teilhabe erkennen: Zugänge (z. B. zu Endgeräten, aber auch Infrastruktur) sind vorhanden, worauf die – sowohl berufliche als auch private – hohe Nutzungshäufigkeit digitaler Technologien laut Befragung schließen lässt. Des Weiteren sieht mit 84 % der überwiegende Anteil der Befragten keine Barrieren bzgl. technischer Ausstattung. Ähnlich verhält es sich mit dem Zugang zum Internet. Nur vereinzelt (unter 5 %) wird dies als (sehr große) Hürde bewertet. Auch stufen die Betroffenen ihre eigenen digitalen Kompetenzen als recht hoch ein. Dennoch gibt es einen Anteil von 11 %, der in seinen vorhandenen digitalen Kompetenzen Barrieren für die Mediennutzung erlebt. Außerdem sieht fast ein Viertel eine Hürde in fehlender Unterstützung bei der Mediennutzung und weitere 13 % beklagen fehlende Hilfsmittel.

Digitale Assistenzsysteme und Hilfsmittel werden zum Zeitpunkt der Online-Befragung mit 23 % nicht häufig von Menschen mit Behinderung genutzt. Für die Zukunft wünschen sich 40 % eine bessere technische Ausstattung und Infrastruktur, gefolgt

von Hilfsmitteln mit 23 % und anderen Unterstützungsformen mit 26 %. 17 % geben einen Bedarf an einer Erweiterung der Kompetenzen für die Mediennutzung an.

Während im Bereich der Sinnesbehinderung viele Hilfen vorhanden scheinen und auch genutzt werden, ist dies im Falle der psychischen Behinderung nicht der Fall. Befragte mit psychischen Behinderungen äußern in der Online-Befragung überdurchschnittlich oft den Wunsch nach einer unterstützenden Person anstelle von digitalen Assistenzsystemen.

Jedoch ist bei den Ergebnissen der Online-Befragung eine sogenannte „Positivselektion" zu beachten: Menschen, die an der Erhebung teilgenommen haben, bringen eher notwendige digitale Kompetenzen mit. Gleichzeitig nahmen überwiegend Menschen mit Körperbehinderung teil. Daher sind die Ergebnisse nicht auf die Gesamtheit der Menschen mit Behinderung übertragbar. Aus diesem Grund dienten die qualitativen Interviews mit Menschen mit einer psychischen und/ oder kognitiven Behinderung als wichtige Vertiefung und Ergänzung zu den Ergebnissen der explorativen Online-Erhebung.

2.2 Qualitative Interviews

Die im vorherigen Abschnitt genannten Erkenntnisse werden durch die qualitativen Interviews bestärkt. In den Interviews zeigten sich Barrieren der digitalen Teilhabe: Schwierigkeiten bestanden für Befragte mit einer psychischen Erkrankung vor allem beim Starten oder Beenden von Tätigkeiten sowie beim Selbstwertgefühl. Daneben konnten sowohl bei Menschen mit psychischen Behinderungen als auch bei Menschen mit kognitiven Behinderungen Konzentrationsschwierigkeiten verzeichnet werden. Behinderungsübergreifend wurden außerdem Barrieren in der Nutzung von Lernplattformen und Videotelefonieprogrammen angegeben. Befragte mit einer Lernbehinderung gaben darüber hinaus an, Schwierigkeiten im Umgang mit Unbekanntem (zum Beispiel unbekannte Programme oder technische Funktionen) zu haben. Des Weiteren stellten Passwörter aufgrund ihrer Komplexität und Masse eine große Hürde für diese Zielgruppe dar. Hier äußern die Befragungspersonen mit psychischen Erkrankungen ebenfalls, dass mehr Unterstützung in Form eines konstanten Ansprechpartners bzw. einer konstanten Ansprechpartnerin sowie mehr Raum für Sozialkontakte notwendig gewesen wären, um digitale Technologien besser nutzen zu können. Außerdem hätte es eine stärkere Strukturierung von außen (top-down) gebraucht. Befragte mit einer Lernbehinderung hätten sich zudem eher gewünscht, Gelegenheit zu bekommen, neue Software oder Plattformen ausführlich und unter Anleitung kennenzulernen. Diese Barrieren beseitigen die Befragten derzeit, indem sie eigene Lösungen finden bzw. ihr familiäres Umfeld stark einbinden.

2.3 Zukunftswerkstatt

Ziel der ersten Zukunftswerkstatt war es, Barrieren und Hindernisse von Menschen mit Behinderung bei der digitalen Teilhabe im Ausbildungs- und Arbeitsleben zu identifizieren.

Hier wurden infrastrukturelle Probleme, wie die Internetverfügbarkeit besonders in ländlichen Regionen, sowie fehlende Ausstattung mit notwendigen und bedienbaren Endgeräten genannt. Bemängelt wurde vor allem die fehlende technische Ausstattung von Klientinnen und Klienten, was besonders bei digitalen Beratungsformaten hinderlich ist. Fehlende Ressourcen (z. B. finanzielle, personelle und zeitliche Mittel) wurden ebenfalls identifiziert. Ressourcen scheinen teilweise vorhanden, allerdings nicht richtig verteilt zu sein. Gleichzeitig werden auch fehlende Kompetenzen, v. a. aufseiten des Fachpersonals bemängelt. Finanzielle Mittel zur Umsetzung von z. B. Barrierefreiheit seien zwar oft vorhanden, können jedoch nicht für einen Kompetenzerwerb genutzt werden oder reichen nicht aus.

Bestimmte Assistenzsysteme können nach Ansicht der Teilnehmer*innen der Zukunftswerkstatt häufig nicht eingebunden werden, da sie aufgrund einer zu hohen Rechenleistung nicht netzwerk-/serverfähig sind. Bekannte Assistenzsysteme können auch aufgrund von (betrieblichen) Datenschutzbestimmungen nicht immer genutzt werden.

Außerdem gibt es Probleme mit der Barrierefreiheit sowie Usability (≈ Bedienerfreundlichkeit) digitaler Produkte. So erlauben bspw. einige digitale Technologien keinen Zugang für Menschen mit Behinderung, da fehlende Sinneskanäle bei der Konzeption nicht berücksichtigt werden. Wenn jedoch digitale Hilfen eingebaut werden, funktionieren diese in vielen Fällen nicht gut genug. Für Menschen mit psychischen oder kognitiven Behinderungen führen die vielen Informationen im digitalen Raum schnell zu einer Reizüberflutung, da es sehr viele verstreute digitale Angebote gibt. Eine Bündelung oder Zusammenlegung von Angeboten würde helfen, einen Überblick zu schaffen. Daneben wird in der digitalen Welt oftmals eine Fachsprache bzw. Verwaltungssprache verwendet, welche nicht nur eine Barriere für Menschen mit kognitiven Behinderungen darstellt, auch bei der Verwendung von Audio-Deskriptionen oder Screen-Readern wird das Hören und Lesen zusätzlich erschwert, wenn keine leichte Sprache verwendet wird.

Ein authentisches Verständnis für Barrierefreiheit existiere nur bei Personen, die selbst betroffen sind. Es fehle ein generelles Bewusstsein für Teilhabe von Menschen mit Behinderung in der Gesamtbevölkerung. Da digitale Barrierefreiheit explizites Wissen für die Umsetzung benötigt, müssten diesbezüglich bspw. auch Content-Erstellende qualifiziert werden. Es sollte ein allgemeines Verständnis für

digitale Barrierefreiheit und verschiedene Bedürfnisse geschaffen werden. Wichtig ist aus Sicht der Betroffenen auch, dass Menschen mit Behinderungen in Entwicklungsprozessen digitaler Medien und von Assistenzsystemen beteiligt werden.

Eine weitere Barriere ist das Spannungsfeld von restriktiven Datenschutzvorkehrungen und niederschwelliger Kommunikation, denn diese wird häufig durch strenge Vorgaben des Datenschutzes verhindert.

Ziel der zweiten Zukunftswerkstatt war es, Wünsche, Ideen und Lösungsansätze für ausgewählte Barrieren zu erarbeiten. Als Ergebnis konnten Utopien zu verschiedenen Themen anhand der in der ersten Zukunftswerkstatt erarbeiteten Barrieren erarbeitet werden. Zur Verdeutlichung wurden Sätze zu den Utopien formuliert, die einen idealtypischen Zustand zum jeweiligen Problem abbilden sollten und als Grundlage für die Realisierungsphase der 3. Zukunftswerkstatt dienen sollten.

Die erste Arbeitsgruppe sollte sich mit Themen aus dem Bereich der Teilhabe an digitalen Technologien (vgl. **Einleitung**) befassen und hat dazu unter anderem folgende Utopien formuliert:

*„In einer digitalen Welt gibt es regionale digitale Kompetenzzentren, die staatlich finanziert sind, und nach individuellem Bedarf vor Ort unterstützen oder den Kontakt zu Spezialist*innen herstellen. In ländliche Regionen fahren mobile digitale Busse hin."*

„Wir haben eine zentrale Stelle, die Ausstattungsentscheidungen bezüglich einer Grundausstattung mit Weitblick trifft und technisch dazu berät. PC, Handy und Hilfsmittel."

Die zweite Arbeitsgruppe beschäftigte sich mit dem Thema Teilhabe durch digitale Technologien (vgl. **Einleitung**) und formulierte ebenfalls idealtypische Zustände, unter anderem:

„Keiner missbraucht meine Daten!"

„Inklusive Vorgänge sind 2040 Routine!"

„2040 müssen alle (digitalen) Produkte durch Assistenzsysteme zugänglich sein!"

In der dritten Zukunftswerkstatt wurden auf Grundlage der Vorarbeiten der formulierten Utopien Lösungsideen ausgearbeitet, deren Ziel es war, möglichst realisierbar dargestellt zu werden. Hieraus wurden vor allem drei relevante Handlungsempfehlungen erarbeitet, die die digitale Teilhabe vor allem auf einer strukturellen Ebene weiter vorantreiben sollen. Insbesondere wurden Umsetzungsvorschläge für Regionale Beratungszentren, Kompetenzentwicklungsmaßnahmen und verbesserte Barrierefreiheit von Assistenzsystemen erarbeitet. Diese Umsetzungsvorschläge werden aufgrund der strukturellen und politischen Komponente in einer separaten Veröffentlichung beschrieben (vgl. Kreuder-Schock et al., 2024).

Gute Praxis Digitaler Teilhabe: Handlungsempfehlungen und Praxisbeispiele

3. Barrieren digitaler Teilhabe

In diesem Kapitel werden die von den Betroffenen formulierten Barrieren mit Bezug zu digitaler Teilhabe beschrieben. Einige der genannten Barrieren betreffen allerdings nicht nur Menschen mit Behinderung, sondern können für eine Vielzahl an Personen individuelle Barrieren bedeuten. Dies unterstreicht aber nur die Wichtigkeit, dass ein Unternehmen für potenzielle Barrieren sensibilisiert ist, sodass langfristig ein gesundes und barrierearmes digitales Miteinanderarbeiten gelingen kann.

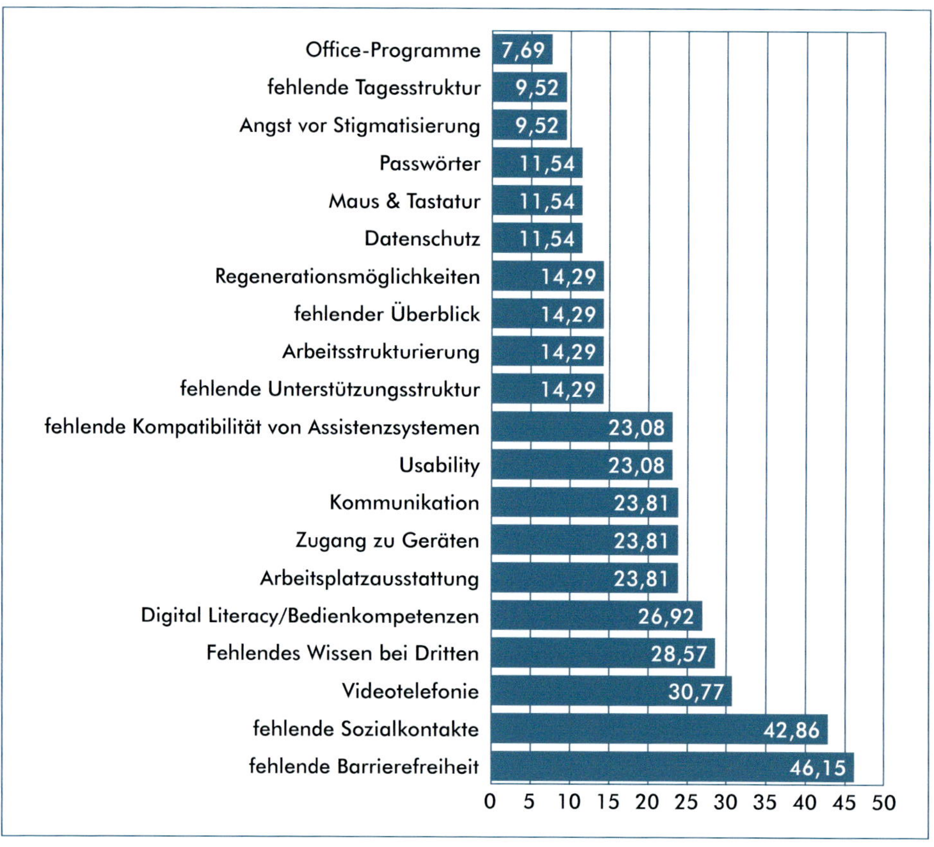

Abbildung 4: Barrieren digitaler Teilhabe (in Prozent)

Die nachfolgenden Erkenntnisse wurden aus allen Erhebungen (Online-Erhebung, Interviews und Zukunftswerkstätten) zusammengeführt (vgl. **Abbildung 2**). Dabei wird die Darstellung grundsätzlich auf die am häufigsten genannten Barrieren beschränkt; das heißt, dass nur die ersten zehn Barrieren im Rahmen des Leitfadens genauer dargestellt werden. Dies liegt unter anderem daran, dass die

Nennungen der Barrieren danach deutlich zurückgehen, wie **Abbildung 4** entnommen werden kann. Eine barrierefreie Darstellung als reine Datentabelle ist in **Anhang 3** zu finden.

Insgesamt wird zwischen Barrieren unterschieden, die sich eher aus Rahmenbedingungen digitaler Teilhabe ergeben, und solchen, die sich unmittelbar auf digitale Technologien selbst beziehen. Barrieren, die sich eher auf Rahmenbedingungen beziehen, sind vor allem im Bereich der Umweltfaktoren zu verorten, es handelt sich hier also um Barrieren, die von außen auf die Betroffenen einwirken, durch die Betroffenen selbst aber kaum bis gar nicht beeinflusst werden können. Diese beziehen sich nicht immer unmittelbar auf digitale Technologien selbst, sind aber dennoch mittelbar damit verbunden und bedingen sich wechselseitig, wie z. B. fehlende Barrierefreiheit von digitalen Programmen. Diese Hürde ist durch Umweltfaktoren zu erklären und nicht unmittelbar von betroffenen Personen selbst auflösbar.

Barrieren, die sich unmittelbar auf die Nutzung von digitalen Technologien beziehen, sind solche, die sich vor allem auf die Fähigkeiten und die Partizipation der betroffenen Personen selbst beziehen. Fehlende oder ungenügende Bedienkompetenzen können hier ein Beispiel sein, da es hier um eine Fähigkeit geht, die die Person selbst erwerben kann, es ist also durch die Betroffenen selbst zumindest mittelbar ein Einfluss auf diese Faktoren möglich.

3.1 Fehlende Sozialkontakte

Vor allem das Fehlen von Sozialkontakten durch die voranschreitende Digitalisierung wurde von Betroffenen als größte Barriere empfunden.

„[Die größte Herausforderung des digitalen Lernens oder Arbeitens waren für mich] die soziale Isolation im Home Office und fehlende, soziale Kontakte." – Fragebogen 25, Spalte 20

Die soziale Isolation durch verstärkte Verlagerung der Arbeit in den häuslichen Bereich wurde von vielen Befragten als große Hürde benannt, da oft keine adäquaten Lösungsstrategien oder notwendige Kommunikationswege vorhanden oder etabliert waren.

„Ich weiß es nicht, dieses Starren auf den PC und keiner gibt mir Antwort, ich [...] schreibe auf Word oder so und keiner gibt mir Antwort. [...] Das war für mich das Schlimme, ich habe keine Kommunikation. Oder ich konnte keine Frage stellen, weil die Kollegen nicht da sind. [...]" – Interview 07, Position 40

Auch der daraus folgende fehlende Kontakt zu Arbeitskolleginnen und -kollegen, der nicht nur soziale Bedürfnisse befriedigt, sondern durchaus auch den fachlichen Austausch unterstützt, wurde durch die Befragten als sehr belastend empfunden. Insbesondere der informelle Austausch wurde vermisst, zum Beispiel als Referenzrahmen bei besonders hohem Arbeitsaufkommen; Befragte hatten dann das Gefühl, mit ihren Problemen durch ein zu hohes Arbeitsaufkommen oder bei schwierigen Aufgaben allein zu sein, und wurden somit in ihrer negativen Denkstruktur bestärkt.

„[...] Also bei vielen dann aus meiner Klasse zum Beispiel ist es halt dann auch schlimmer geworden, dass die dann auch ja, keine Lust hatten, aber auch so die Motivation gefehlt hat so überhaupt auch an diesem Home-Office mitzumachen und so. [...] Also manche finden es ja auch ganz schrecklich, dann wirklich nur zu Hause und alles nur digital und man kommt nicht mehr in die Schule und so." – Interview 06, Position 75–76

Passende Lösungsansätze

Raum für Sozialkontakte ermöglichen » **Kapitel 4.8**

Feste Ansprechpersonen einsetzen » **Kapitel 4.7**

Strukturierung von außen anbieten » **Kapitel 4.12**

3.2 Fehlendes Wissen bei Dritten

Fehlendes Wissen wurde von vielen Befragten als weitere Barriere benannt. Vor allem mangelndes Verständnis für behinderungsspezifische Probleme im Zusammenhang mit Digitalisierung aufgrund fehlenden Wissens dazu wurde bemängelt.

„[Die größte Herausforderung des digitalen Lernens oder Arbeitens waren für mich] die aufwändigen Erklärungen behinderungsbedingter Einschränkungen. Dies fällt mir im persönlichen Gespräch einfacher als digital." – Fragebogen 5, Spalte 20

Dies führt oft zu der Notwendigkeit, behinderungsbedingte Einschränkungen oder Besonderheiten zu erläutern, da bestimmte Spezifika weder bei der Entwicklung digitaler Angebote noch bei deren Ausgestaltung berücksichtigt werden – oft, weil den Zuständigen unklar ist, was genau zu berücksichtigen ist.

*„Weiterhin wurde die Berücksichtigung von individuellen Bedürfnissen diskutiert. Leistungsträger und -erbringer*innen gaben zu bedenken, dass es oft nicht klar sei, welche Hemmnisse es gebe oder wie genau bedarfsgerecht unterstützt werden könne. Auch sei unklar, welche besonderen Bedürfnisse welchen Personengruppen zugeschrieben werden*

könne. So werden geistige und psychische Behinderungen weiterhin als „Black Box" gesehen. Welche Fähigkeiten und Kompetenzen für eine gelingende digitale Teilhabe notwendig sind, ist nicht offensichtlich." – Zukunftswerkstatt 1, Arbeitsgruppe 1, Position 15

Darüber hinaus fehlt für manche programmspezifische Probleme häufig der notwendige IT-Support, da auch hier Wissen zu bestimmten Anforderungen nicht vorhanden ist.

„[Bei der Nutzung digitaler Medien gibt es für mich noch Hürden, da es] keine fachkompetente Unterstützung und fachspezifische Beratung, [sowie] keinen greifbaren IT-Techniker für Fachanwendungen [gibt]." – Fragebogen 12, Spalte 7

Passende Lösungsansätze

Akzeptanz von Hilfsmitteln fördern » **Kapitel 4.1**

Betroffene in Entscheidungs- und Entwicklungsprozesse einbinden » **Kapitel 4.4**

Einheitliche Ansprechstellen einrichten » **Kapitel 4.5**

Transparenz über Hilfsmittel herstellen » **Kapitel 4.10**

Bewusstseinsbildende Maßnahmen durchführen » **Kapitel 4.3**

3.3 Ungeeignete Arbeitsplatzausstattung

Arbeitsplatzausstattung wurde von Betroffenen sowohl als Ausstattung im Bereich der Technik als auch in der generellen Ausstattung verstanden und bemängelt. Zum einen ist die notwendige technische Ausstattung mit z. B. Hilfsmitteln häufig nicht (ausreichend) vorhanden.

„Verschärft wird die Situation nach Meinung der Teilnehmenden häufig dadurch, dass gerade die notwendige technische Ausstattung nicht ausreichend vorhanden ist." – Zukunftswerkstatt 1, Arbeitsgruppe 1, Position 5

Zum anderen konnte eine darüber hinausgehende Ausstattung, die gerade im Rahmen von mobilem Arbeiten am Heimarbeitsplatz aus Präventionsgründen notwendig wird (z. B. höhenverstellbarer Schreibtisch oder spezifische Bürostühle), häufig nicht gestellt werden.

„[Ich habe durch meine Behinderung Einschränkungen bei der Nutzung digitaler Medien] wenn kein höhenverstellbarer Schreibtisch und kein Arthrosenstuhl (sic!) vorhanden sein sollten." – Fragebogen 14, Spalte 6

Außerdem wurde die mangelhafte Bereitstellung von barrierearmer oder barrierefreier Software von Arbeitgeberseite für betriebliche Zwecke bemängelt, was von Befragten als fehlendes Selbstverständnis barrierefreier Arbeitsplatzausstattung gesehen wird.

*„Eine stärkere Sensibilisierung für die Notwendigkeit barrierefreier Angebote ist in Entscheidungsbereichen (Verwaltung und Politik) zwingend notwendig, aber auch bei Arbeitgeber*innen. Hier wird als Beispiel ein fehlendes Selbstverständnis zur barrierefreien Arbeitsplatzausstattung genannt." – Zukunftswerkstatt 1, Arbeitsgruppe 3, Position 9*

Passende Lösungsansätze

Akzeptanz von Hilfsmitteln fördern » **Kapitel 4.1**

Bewusstseinsbildende Maßnahmen durchführen » **Kapitel 4.3**

Betroffene in Entscheidungs- und Entwicklungsprozesse einbinden » **Kapitel 4.4**

Transparenz über Hilfsmittel herstellen » **Kapitel 4.10**

3.4 Fehlender Zugang zu Geräten

Betroffene bemängeln häufig, dass der Zugang zu notwendigen Geräten nicht vorhanden ist.

„Verschärft wird die Situation nach Meinung der Teilnehmenden häufig dadurch, dass gerade die notwendige technische Ausstattung nicht ausreichend vorhanden ist." – Zukunftswerkstatt 1, Arbeitsgruppe 1, Position 5

Gerade im Kontext des Arbeitslebens wird die fehlende Ausstattung mit notwendigen Geräten angeführt. Zum Beispiel schafft der Arbeitgeber keinen Zugang zu passenden Geräten, die trotz bzw. mit der Einschränkung problemlos genutzt werden können .

„Am Ende ging es mit dem Zuschicken, und, also das war auch eher so, ich durfte das nicht immer machen, weil das war ja ein Betreuer-PC und die durfte ich eigentlich nicht nutzen. Da muss immer ein Betreuer dabei sein. […] Das haben wir immer zusammen gemacht, weil ich darf hier […] ja nicht alleine am PC." – Interview 2, Positionen 254–259

Auch im privaten Bereich bemängeln viele Befragte, dass notwendige Endgeräte für mobiles Arbeiten oft nicht vorhanden sind.

„Also, also angefangen hat das ja auf jeden Fall... Ich hatte einen alten Macbook, der war 15 Jahre alt, also sagen wir mal so, [es] ist jetzt auch finanziell durch die ganzen Auszeitjahre […] nicht so, dass man jetzt die neuesten Geräte zu Hause stehen hatte und da musste ich auch erstmal selber in meine private Geldbörse greifen und hab mir dann einen neuen Rechner wiedergeholt […].“ – Interview 8, Position 14

Arbeitgeber setzen oft voraus, dass ausreichende private Endgeräte vorhanden sind.

„[…] über Downloads […] oder Dateien wurden dann Dokumente, also Aufgaben hingestellt, da ging es dann wieder los, man musste dann natürlich auch einen Drucker zu Hause haben. Dafür musste man natürlich auch wieder […], also eine Patrone muss da sein und Papier musste da sein […].“ – Interview 8, Position 16

Diese sind für die Arbeitsanforderungen aber häufig nicht ausreichend und adäquate Endgeräte müssen somit häufig privat finanziert werden.

„Also dieses Hauptthema ist halt wirklich die Technik selber, dass man die halt irgendwie zusammen kriegt oder mit irgendwelchen Varianten. Weil nicht jeder kann sich so ein Gerät für 1000€ [leisten]… […] Und dann ist natürlich… gerade, wenn man in so einer Maßnahme ist oder wenn man auch nicht mehr wie früher gearbeitet hat, dann sind ja auch alle finanziellen Mittel ausgeschöpft und dann steht man dann da schon... Also ne, also, wenn ich das Geld nicht gehabt hätte, dann hätte ich dagestanden und hätte dann irgendwie, weiß ich nicht, irgendwie versucht, dieses Online-Seminar zu machen. Weil da hat keiner nachgefragt. Habe ich ein Gerät? Brauchen Sie Unterstützung, ne?“ – Interview 8, Position 58

Passende Lösungsansätze

Transparenz über Hilfsmittel herstellen » **Kapitel 4.10**

Akzeptanz von Hilfsmitteln fördern » **Kapitel 4.1**

Barrierefreie Zugänge schaffen » **Kapitel 4.2**

Betroffene in Entscheidungs- und Entwicklungsprozesse einbinden » **Kapitel 4.4**

Einheitliche Ansprechstellen einrichten » **Kapitel 4.5**

3.5 Kommunikationsschwierigkeiten mit formellen Systemen

Der Bereich der Kommunikation wurde ebenfalls von vielen Befragten als Barriere empfunden.

*„Als Beispiel für die Nutzung von technischen Einzellösungen wurde die Kommunikation untereinander oder mit Betroffenen genannt. So nutzen Leistungsträger und -erbringer*innen oft Einzellösungen ohne Schnittstelle zu anderen Beteiligten, sodass für Netzwerkpartner*innen ein eigenes Kommunikationsmedium notwendig wird." – Zukunftswerkstatt 1, Arbeitsgruppe 1, Position 5*

Vor allem zwei große Teilbereiche wurden hier genannt: Kommunikation mit dem Arbeitgeber und Kommunikation mit Behörden. Gerade in der Zusammenarbeit mit Behörden zeigt sich mehr und mehr, dass viele verschiedene Einzellösungen zur digitalen Kommunikation genutzt werden, was die Endnutzer*innen vor die Herausforderung stellt, für verschiedene Anliegen verschiedene Kommunikationstools einsetzen zu müssen.

„Kritisch wurde in diesem Zusammenhang angemerkt, dass die verschiedenen Kommunikationssysteme die Zusammenarbeit zwischen den beteiligten Institutionen erschweren. Resümierend wurde eingeschätzt: Es geht nicht nur digital. Die Gespräche unter den beteiligten Institutionen, aber vor allem mit den Betroffenen sollten nicht ausschließlich digital ablaufen." – Zukunftswerkstatt 1, Arbeitsgruppe 2, Position 16

Aber auch die Kommunikation mit Arbeitgebern hat sich laut der Befragten als schwierig dargestellt; häufig haben digitale Kommunikationsmedien nicht gut funktioniert (z. B. aufgrund technischer Probleme wie Überlastung der Plattformserver).

„Wir hatten auf jeden Fall eine App […] und da haben wir halt so Teilkonferenzen gemacht und haben halt immer nachgefragt, falls wir Fragen hatten, oder so konnten wir halt da die Fragen stellen und da wurden die halt beantwortet […]. Das lief ja einigermaßen halt, da gab es halt immer diese Probleme, dass man nie rein konnte oder was auch immer." – Interview 5, Positionen 69–75

Oder die Kommunikation wurde durch den Arbeitgeber ausschließlich auf die schriftliche Ebene verlagert. Dies führte dazu, dass Teilnehmende potenzielle Verständnisfragen nicht klären konnten, häufig auf sich allein gestellt und dadurch teilweise überfordert waren.

„[Wir hatten] nur über Email Adresse [Kontakt]. – Also das heißt, ihr habt euch gar nicht gesprochen, sondern nur geschrieben? – Manchmal ja, manchmal nicht, das war so ein hin und her. […] Ich hab halt Blätter bekommen, Blätter mir ausgedruckt, mir die mir angeguckt, aber scheiße, wie ging das nochmal. Mist, wie ging das nochmal, hab mir den Kopf so halbe Stunde darüber zerbrochen […] hab es dann ausgefüllt, zurückgeschickt." – Interview 4, Positionen 87–92

Gleichzeitig ergaben sich aus Sicht der Betroffenen zu wenig Möglichkeiten für bilaterale Kommunikation. Dies verzögerte die Klärung von Fragen, Problemen oder Anliegen oder machte sie für Betroffene aus verschiedenen Gründen wie Scham, Introvertiertheit etc. fast unmöglich.

„Ja, das ist immer so schwierig, ne, dass immer im richtigen Moment zu tun. Also während der Online- Phase war das überhaupt nicht möglich, weil es gab kein Zweiergespräch, außer man sagte dann am Ende ‚Haben Sie noch 5 Minuten, dann würde ich gerne noch mit Ihnen reden.' Aber dann haben die anderen 23 das natürlich gemerkt, gehört, man will jetzt noch einmal ein 4-Augen-Gespräch haben." – Interview 8, Position 36

Passende Lösungsansätze

Feste Ansprechperson einsetzen » **Kapitel 4.7**

Raum für Sozialkontakte ermöglichen » **Kapitel 4.8**

Einheitliche Ansprechstellen einrichten » **Kapitel 4.5**

3.6 Fehlende Barrierefreiheit digitaler Technologien

Fehlende Barrierefreiheit hat sich als sehr große Hürde für Betroffene herausgestellt. Dabei gab es diverse Probleme mit der digitalen Barrierefreiheit, die noch einmal in der untenstehenden Aufschlüsselung genauer ausdifferenziert werden.

Im Allgemeinen wurde von den Betroffenen bemängelt, dass Barrierefreiheit grundsätzlich kaum gegeben ist, z. B. weil Barrierefreiheitsfunktionen verschiedener Softwares oder Internetseiten erst mühsam gesucht werden müssen, bevor eine adäquate Einstellung möglich ist.

„[Die größten Herausforderungen des digitalen Lernens oder Arbeitens waren für mich] verschiedene Konferenztools [und] Barrierefreiheitsfunktionen der Konferenztools identifizieren." – Fragebogen 10, Spalte 20

Auch wurde bemängelt, dass häufig Formulare, beispielsweise von Behörden, nicht barrierefrei oder barrierearm gestaltet sind und Digitalisierung eigentlich mit Barrierefreiheit fest verbunden sein sollte.

„Als Beispiel wurden hier nicht barrierefreie, digitale Formulare genannt [...].“ – Zukunftswerkstatt 1, Arbeitsgruppe 1, Position 15

Hier wurde v. a. die fehlende Möglichkeit bemängelt, Inhalte in leichter oder zumindest einfacher Sprache darstellen zu lassen, vor allem in Kontexten, in denen fachspezifische Ausdrücke verwendet werden.

„Häufig werden in der digitalen Welt eine Fachsprache bzw. Verwaltungssprache verwendet, die in großen Teilen zu kompliziert ist und (vor allem aber nicht nur) Menschen mit Behinderung vor große Herausforderungen stellt. Formulare sind dadurch meist schwer verständlich. Hinzu kommt, dass Fachbegriffe häufig nicht (ausreichend) erklärt werden.“ – Zukunftswerkstatt 1, Arbeitsgruppe 3, Position 25

Aber auch spezifische Hürden in Bezug auf Barrierefreiheit wurden von den Befragten benannt, so war der größte spezifische Kritikpunkt, dass bereits etablierte Mindeststandards häufig nicht eingehalten werden.

„[Bei der Nutzung digitaler Medien gibt es für mich noch Hürden:] fehelende Beachtung von Mindeststandards, um diskriminierungsfrei seine Sachen selbstbestimmt erledigen zu können.“ – Fragebogen 30, Spalte 7

Nach Empfinden der Befragten wird bei Erstellung von Webseiten oder Dokumenten das Design häufig höher priorisiert als die Möglichkeit einer barrierefreien Funktion.

„Die Nutzung vieler digitaler Angebote ist für Menschen mit Behinderung schwierig. Oft läuft das nach dem Prinzip Funktion folgt Design. Richtig wäre jedoch Design folgt Funktion.“ – Fragebogen 8, Spalte 6

Dies lässt sich auch daran erkennen, dass es oft keine Möglichkeit gibt, Untertitel abzurufen oder automatisiert erstellen zu lassen.

„[Bei der Nutzung digitaler Medien gibt es für mich noch Hürden,] wenn es in Videos keine Untertitel gibt – wenn Medien nur zusammen mit dem Hörsinn wahrnehmbar sind.“ – Fragebogen 31, Spalte 7

Ebenfalls wird eine nicht barrierefreie, visuelle Darstellung von Inhalten bemängelt (z. B. fehlende Kontraste, keine Rücksichtnahme bei Farbauswahlen, überladene und unübersichtliche Ansichten, keine Möglichkeit, Schriftgrößen anzupassen).

„[Bei der Nutzung digitaler Medien gibt es für mich noch Hürden durch] Unübersichtlichkeit von elektronischen Akten, Schreibwerken und Datenbanken bei der Nutzung von Vergrößerungssoftware […].“ – Fragebogen 21, Spalte 7

Gleichzeitig werden individuelle Beeinträchtigungen bei der Entwicklung digitaler Anwendungen zu wenig berücksichtigt.

„Oft sind die farblichen Darstellungen nicht für Menschen mit Rot-Grün-Schwäche unzureichend.“ – Fragebogen 15, Spalte 6

Als Barriere wurde ebenfalls empfunden, dass fehlende Barrierefreiheit häufig aus fehlenden Ressourcen entsteht, sodass es weder Personal gibt, welches sich spezifisch um Barrierefreiheit kümmert, noch Gelder, um entsprechende Funktionen von Dritten einrichten zu lassen.

*„Als weitere Barriere wurden fehlende Ressourcen identifiziert, da ohne entsprechende Mittel keine Umsetzung digitaler Teilhabe gelingen kann. […] Mit Ressourcen sind vor allem finanzielle, aber auch personelle Mittel gemeint, um Barrierefreiheit herzustellen. Dieser Punkt betrifft erneut Arbeitgeber*innen sowie den öffentlichen Dienst und die Politik. Für kleinere Unternehmen beispielsweise ist die Gestaltung von barrierefreien Websites sehr teuer […]. Ähnlich geht es auch den Behörden, bei denen die Umsetzung digitaler Barrierefreiheit häufig noch nicht in der notwendigen Intensität eingeplant wird, so dass letztendlich finanzielle Mittel fehlen, um diesen (Mangel-)Zustand schnell zu verbessern. Neben den finanziellen Widrigkeiten kommt zudem noch ein Zeitfaktor hinzu: Da Barrierefreiheit viel Zeit in Anspruch nimmt, stellt dies häufig eine große Herausforderung bei zeitkritischen Projekten dar.“ – Zukunftswerkstatt 1, Arbeitsgruppe 3, Position 12*

Doch auch an der Sensibilisierung für dieses für Betroffene wichtige Thema fehlt es nach Einschätzung der Befragten an allen Ecken und Enden: Dass fehlende Barrierefreiheitsfunktionen für Betroffene Barrieren darstellen, ist vielen Menschen nicht bewusst.

Einerseits fehle dem Fachpersonal häufig spezifisches Wissen zur Barrierefreiheit und digitalen Teilhabe.

„Im Zuge der Diskussion zu technischen Neuerungen bei Assistenzsystemen wurde auf das fehlende Wissen zur Barrierefreiheit eingegangen. Angestellten (der bewilligenden Institutionen) fehlen z. T. die notwendigen Kompetenzen und Erfahrungen, was Barrierefreiheit ist. Beispielsweise wird beim Versuch Anträge barrierearmer zu gestalten, lediglich

die Schrift vergrößert, wobei die vergrößerte Schrift nicht der barrierearmen Großschrift entspricht. Es reicht nicht aus, nur die Schriftgröße anzupassen, auch Kontraste usw. müssten angepasst werden. In diesem Kontext wurde auch das Fehlen der leichten Sprache in einer digitalen Arbeitswelt kritisch angesprochen." – Zukunftswerkstatt 1, Arbeitsgruppe 2, Position 6

Andererseits führe dies dazu, dass Software oder Webseiten auch nicht anhand dieses Kriteriums bewertet werden (z. B. beim Einkauf einer Leistung oder der Erstellung eines Produkts).

„Ebenso wird bemängelt, dass die Datenschutzbeauftragten die bestehende Software fast ausschließlich hinsichtlich ihrer Sicherheit bewerten. Die Frage, ob die „erlaubte" Software bzw. die entwickelte interne Software barrierearm ist, wird dabei meistens vernachlässigt." – Zukunftswerkstatt 1, Arbeitsgruppe 2, Position 20

Hier wünschen sich die Betroffenen stärkere Sanktionen hinsichtlich der Pflicht der Umsetzung der Barrierefreiheit.

*„[…] offenbar [fehlen] die notwendigen Sanktionen, die dazu motivieren, sich mit der Teilhabe von Menschen mit Behinderung zu beschäftigen und eine vollumfängliche digitale Barrierefreiheit zu schaffen. Aus diesem Grund benötige es dringend eine Sanktionierung bei Nichtbeachtung digitaler Barrierefreiheit (Websites, Apps, öffentliche Einrichtungen etc.). Bei der Einführung von digitaler Barrierefreiheit sowie der Schaffung und Ausarbeitung entsprechender rechtlicher Grundlagen könnten v. a. Menschen mit Behinderung als Expert*innen in eigener Sache einbezogen werden." – Zukunftswerkstatt 1, Arbeitsgruppe 3, Position 28*

Passende Lösungsansätze

Barrierefreie Zugänge schaffen » **Kapitel 4.2**

Betroffene in Entscheidungs- und Entwicklungsprozesse einbinden » **Kapitel 4.4**

Einheitliche Ansprechstellen schaffen » **Kapitel 4.5**

3.7 Umgang mit Videotelefonie-Programmen

Videotelefonie wurde gerade durch den verstärkten Einsatz von mobilem Arbeiten oder digitalem Lernen als Barriere empfunden. Hier gab es häufig Probleme beim Start des Programms. Teilweise blieben Betroffene den Angeboten fern, weil sie nicht wussten, wie die Programme zu bedienen sind.

„[Videotelefonie] wurde angeboten, tatsächlich, aber hab den nie so wahrgenommen, weil ich auch nicht, weil es ja wieder auf dieser [Lernplattform], das wusste ich ja nicht, wo ich draufklicken muss, nachher stelle ich da was um und sowas, hab ich keinen Bock drauf, deswegen war ich eigentlich nie präsent. Das hat stattgefunden, aber war ich nicht präsent." – Interview 4, Position 81–82

Andere Betroffene, die eine Teilnahme versuchten, benötigten Zeit und Umwege, um erfolgreich teilhaben zu können.

„Also die Hauptschwierigkeit die war jetzt eben, ich hab wirklich um 10:00 Uhr angefangen, mich einzuloggen das hat einfach nicht funktioniert ich hab versucht über den Computer mich ins Programm einzuloggen, der Dozent hatte das extra eingerichtet gestern. Ich hab aber gedacht das geht leichter und ich kann mich dann eben einloggen und dann ist gut, die Bestätigung hat mir gezeigt, dass ist nicht so deswegen bin ich ja jetzt übers Handy gegangen. Hätte ich das direkt gemacht, wären wir viel früher am Start gewesen." – Interview 7, Position 14

Sofern die Teilnahme ermöglicht werden konnte, war ein weiterer Hauptkritikpunkt der Betroffenen, dass die Tonqualität in Videokonferenzen häufig variiert, was an diversen Faktoren wie der eigenen Ausstattung (Speaker, Headset, etc.) liegen kann, aber auch an Faktoren wie der Ausstattung der Videotelefonpartner*innen sowie der fehlenden technischen Kompetenz der Partner*innen (z. B. kein Stummstellen bei Produktion von Nebengeräuschen, etc.).

„[Die größten Herausforderungen des digitalen Lernens oder Arbeitens waren für mich die] erhöhte Anstrengung durch schlechte Tonqualität bei [Videotelefonie]-Sitzungen." – Fragebogen 31, Spalte 20

„Videokonferenzen sind oftmals schwierig, da andere akustische Bedingungen bestehen." – Fragebogen 35, Spalte 6

Aber auch die Bedienung der Programme selbst gestaltet sich aufgrund der Vielfalt der verschiedenen Anbieter als schwierig. Häufig variieren darüber hinaus die Barrierefreiheitsfunktionen und bestimmte Funktionen müssen erst mühsam gesucht werden.

„[Die größten Herausforderungen des digitalen Lernens oder Arbeitens waren für mich] verschiedene Konferenztools [und] Barrierefreiheitsfunktionen der Konferenztools identifizieren." – Fragebogen 10, Spalte 20

Passende Lösungsansätze

Barrierefreie Zugänge schaffen » **Kapitel 4.2**

Unterstützen von Betroffenen beim Erlernen neuer Programme » **Kapitel 4.11**

Einheitliche Ansprechstellen schaffen » **Kapitel 4.5**

Feste Ansprechpersonen einsetzen » **Kapitel 4.7**

3.8 Nicht ausreichende Bedienkompetenz/ Digital Literacy

Viele Befragte benennen eine geringe Bedienkompetenz als weitere große Barriere, um digital teilhaben zu können.

„[Bei der Nutzung digitaler Medien gibt es für mich noch Hürden bei der] Einrichtung eines Smartphones." – Fragebogen 27, Spalte 7

Vor allem Grundkompetenzen wie die Einrichtung eines Smartphones oder die Bedienung grundlegender Programme wie MS Office bergen aus unterschiedlichsten Gründen oft noch Hürden.

„Weil du was in der Hand hast und wenn du dann wirklich auch viele Fehler hast, wirklich irgendwas wirklich korrigieren kannst, am PC kannst du es dann eher so kannst du auch korrigieren, aber so ein bisschen umständlicher als es wegzuradieren oder sowas." – Interview 4, Position 285

Dabei wird nicht nur das Fehlen der Kompetenzen selbst als Barriere empfunden, auch die fehlende Möglichkeit, die notwendigen Kompetenzen zielgruppengerecht zu erwerben, wird bemängelt.

„[Menschen mit Behinderungen] müssen zudem in die Lage versetzt werden, digitale Kompetenzen zu erwerben, um mit digitalen Technologien umzugehen bzw. diese zu nutzen." – Zukunftswerkstatt 1, Arbeitsgruppe 2, Position 11

Als Hemmnisse werden hier von Befragten einerseits fehlende finanzielle Mittel zur Einrichtung von Kompetenzerwerbsprogrammen gesehen.

„Digitale Grundkompetenzen sind zwingend erforderlich, um sich im digitalen Raum bewegen zu können. Der Kompetenzerwerb sei aber auch mit vielfältigen Schwierigkeiten verbunden. Nicht nur, dass zum Kompetenzerwerb auch das Erlernen einer neuen „Computer-

sprache" (Digital literacy) notwendig wird, auch die Offenheit für das Aneignen und Erlernen der Kompetenzen ist eine wichtige Voraussetzung. [...] Letztendlich wurde bemängelt, dass zwar häufig finanzielle Mittel zur Umsetzung von z. B. Barrierefreiheit zur Verfügung gestellt werden, diese jedoch entweder nicht für einen Kompetenzerwerb genutzt werden können oder nicht ausreichen." – Zukunftswerkstatt 1, Arbeitsgruppe 1, Position 8

Andererseits fehlen auch Kompetenzen bei bereits installierten Unterstützungsstrukturen, sodass keine Unterstützung beim Kompetenzerwerb erfolgen kann.

„Große Einigkeit bestand in der Gruppe zur fehlenden Medienkompetenz. Mitarbeitenden von Institutionen fehlen z. T. Medienkompetenzen. Ohne die notwendige Medienkompetenzen können diese auch nicht an die Klienten weitergegeben werden. Hier ist ein großer Handlungsdruck zu verzeichnen." – Zukunftswerkstatt 1, Arbeitsgruppe 2, Position 23

Passende Lösungsansätze

Einheitliche Ansprechstellen einrichten » **Kapitel 4.5**

Feste Ansprechpersonen einsetzen » **Kapitel 4.7**

Bedien- und digitale Kompetenzen Betroffener stärken » **Kapitel 4.6**

Betroffene in Entscheidungs- und Entwicklungsprozesse einbinden » **Kapitel 4.4**

Bedienerfreundlichkeit verbessern » **Kapitel 4.12**

3.9 Nicht ausreichende Usability (≈ Nutzbarkeit, Bedienfreundlichkeit)

Usability wurde von Betroffenen gerade in Bezug auf digitale Angebote wie Software oder Webseiten bemängelt.

„[...] überladene Displays der Smartphones. Schlechte Benutzerführung." – Fragebogen 15, Spalte 14

„[Es] ist für mich extrem schwierig, wenn es ganz viele Buttons gibt, die mich ablenken, sag ich jetzt mal, wenn es viel Text gibt, der aber unrelevant ist oder solche Sachen, wenn ich mich erstmal durch 50 ‚bitte lesen Sie dies, bitte bestätigen Sie das' durchklicken muss oder solche Sachen. Also für mich muss es sehr strukturiert, aber auch gleichzeitig sehr, sehr übersichtlich aufgebaut sein." – Interview 9, Position 59

Viele digitale Angebote stellen sich als kaum nutzbar für Menschen mit Behinderungen heraus, oft aufgrund fehlender Barrierefreiheit oder nicht bedarfsgerecht entwickelter Funktionen, wie eine unübersichtliche oder nicht intuitive Menüführung oder wenig aussagekräftige Benennung von Funktionen.

„Die ist komisch, die war komisch aufgebaut diese Plattform und ich hab auch […] wenn ich ehrlich bin nie so drauf geachtet, […] was die anderen machen. Die Fachpraktiker und die Tischler machen ja einen unterschiedlichen Arbeitsstrang und da ist ja für uns [ein] ganz anderer Abschnitt da drin, Fachpraktiker steht da drin. Ich wusste aber auch von Anfang an nicht, wie ich die benutze, diese Plattform, weil ich war nicht eingewiesen und sowas. Es wurde mir vielleicht grob erklärt, aber grob hilft mir ja nicht." – Interview 4, Position 56

Dies hat einen negativen Einfluss auf die Motivation, führt zu Frustration und im schlimmsten Fall zu einem Abbruch der Nutzung.

„Ja also wie gesagt, die Programme an sich sind halt für mich dann ein Problem, wenn Sie nicht selbsterklärend sind, kompliziert sind, dann nervt mich das einfach und dann arbeite ich mich da auch nicht ein, was ich auch nicht mag ist, wenn man Dreifachstrukturen hat und Dinge dreimal in verschiedenen Programmen abbilden muss, wie zum Beispiel einen Terminkalender für die Kollegin, dann einen Terminkalender für das Reisemanagement und dann noch einen Terminkalender fürs Controlling." – Interview 9, Position 20

Passende Lösungsansätze

Bedienerfreundlichkeit verbessern » **Kapitel 4.12**

Betroffene in Entscheidungs- und Entwicklungsprozesse einbinden » **Kapitel 4.4**

Bedien- und digitale Kompetenzen Betroffener stärken » **Kapitel 4.6**

Feste Ansprechpersonen einsetzen » **Kapitel 4.7**

3.10 Fehlende Kompatibilität von Assistenzsystemen

Gerade Betroffene, die aufgrund diverser Einschränkungen auf die Nutzung von Hilfsmitteln und/oder Assistenzsystemen angewiesen sind, empfanden die oft fehlende Kompatibilität von Assistenzsystemen mit bestimmten digitalen Technologien als Barriere.

„[Es] muss Zoom kompatibel sein. Oft nicht barrierefrei." – Fragebogen 28, Spalte 6

„Die Kompatibilität von Software mit bestehenden Assistenzsystemen wird als ein weiterer Kritikpunkt angeführt. Nicht jede Software bzw. jede Website ermöglicht den Einsatz von Screenreading oder ist mit anderen Assistenzsystemen kompatibel. Beispielsweise sind geschriebene Texte und Bilder nicht immer wählbar bzw. textlich hinterlegt und können so nicht vorgelesen werden." – Zukunftswerkstatt 1, Arbeitsgruppe 2, Position 22

So gaben einige Befragte an, dass Hard- und/oder Software, die von ihrem Arbeitgeber für ihre Tätigkeit zur Verfügung gestellt oder vorausgesetzt wurde, keine Kompatibilitätsschnittstelle für ihre zwingend erforderlichen Assistenzsysteme hatten und ein eventuell vorhandener IT-Support keinen Support für diese Schnittstellenproblematik anbot.

„Kritisch wurde diskutiert, dass bestimmte Assistenzsysteme nicht eingebunden werden können, da sie aufgrund einer zu hohen Rechenleistung nicht netzwerk-/serverfähig sind." – Zukunftswerkstatt 1, Arbeitsgruppe 2, Position 4

Passende Lösungsansätze

Betroffene in Entscheidungs- und Entwicklungsprozesse einbinden » **Kapitel 4.4**

Transparenz über Hilfsmittel herstellen » **Kapitel 4.10**

Bedien- und digitale Kompetenzen Betroffener stärken » **Kapitel 4.6**

4. Lösungsansätze

Nachfolgend werden verschiedene Lösungsansätze für die im vorherigen Kapitel genannten Barrieren dargestellt. Die Lösungsansätze speisen sich hauptsächlich aus den Ideen und Bedürfnissen der im Rahmen des Projekts befragten Betroffenen. Zusätzlich wurden Lösungsansätze und -ideen ergänzt, die bereits an verschiedenen Punkten in Literatur oder Guter Praxis dargestellt wurden.

4.1 Akzeptanz von Hilfsmitteln fördern

Die Nutzung von Hilfsmitteln ist oft mit Schamgefühlen und dem Verlust der Peer Group assoziiert. Daher sollte bei allen Mitarbeitenden eine Bewusstseinsbildung zur Entstigmatisierung von Hilfsmitteln vorangetrieben werden.

„Das ist keine Dauerlösung. Ich stelle mir das einfach scheiße vor, ich bin in dem Betrieb und muss zu den Kunden sagen: Warten Sie kurz, ich muss mal kurz anhören wie man das schreibt.") – Interview 4, Pos 157,161

Es ist wichtig, die Hilfsmittelnutzung zu normalisieren. Dazu beitragen können Arbeitgeber und Leistungserbringer, indem sie durch aktives Anbieten von Hilfsmitteln die Hemmschwelle für Betroffene senken, selbst aktiv werden zu müssen. Gute Zeitpunkte für ein solches Anbieten können Situationen wie regelmäßige Mitarbeitergespräche oder vorab bereits zum Zeitpunkt der Einstellung sein. Darüber hinaus sollte regelmäßig gemeinsam evaluiert werden, ob die vorhandenen Hilfsmittel noch zweckmäßig sind oder eine Anpassung erforderlich wird. Diese Normalisierung und Entstigmatisierung von Hilfsmitteln trägt langfristig zur Bewusstseinsbildung bzw. Sensibilisierung für die Herausforderungen von Menschen mit Behinderung bei und kann das Wissen um behinderungsbedingte Herausforderungen und Notwendigkeiten in der Belegschaft stärken.

Doch nicht nur eine betriebsinterne Entstigmatisierung von Hilfsmitteln ist erforderlich. Wichtig ist ebenfalls, in Berufen mit Kundenkontakt als Arbeitgeber*in dafür Sorge zu tragen, dass eine Hilfsmittelnutzung auch in solchen Kontexten normalisiert wird. Beschwerden oder Fehlverhalten von Kunden hinsichtlich einer Hilfsmittelnutzung von Mitarbeitenden sollten keinesfalls toleriert werden, sondern mit Aufklärung und Sensibilisierung reagiert werden. Arbeitgeber*innen sollten ihren Mitarbeitenden das Gefühl geben, in dieser Hinsicht völlig hinter ihnen zu stehen, auch wenn dies mit z. B. höheren Wartezeiten für Kundinnen und Kunden verbunden ist, weil durch die Nutzung von Hilfsmitteln bestimmte Prozesse verlängert werden.

Kann unterstützen bei:

Fehlendes Wissen bei Dritten » **Kapitel 3.2**

Ungeeignete Arbeitsplatzausstattung » **Kapitel 3.3**

Fehlender Zugang zu Geräten » **Kapitel 3.4**

Siehe dazu auch:

» **Barrierefreie Zugänge schaffen**

» **Bewusstseinsbildende Maßnahmen durchführen**

» **Transparenz über Hilfsmittel fördern**

Hilfreiche Informationen:

» **Rehabilitation und Teilhabe – Ein Wegweiser (bar-frankfurt.de)**

4.2 Barrierefreie Zugänge schaffen

Grundsätzlich ist es nicht trivial, digitale Barrierefreiheit herzustellen: Es benötigt explizites Wissen, wie digitale Barrierefreiheit gut umgesetzt werden kann. Daher ist es wichtig, die im Unternehmen mit der Beschaffung und Bereitstellung digitaler Anwendungen oder Hilfsmittel beschäftigten Personen bezüglich digitaler Barrierefreiheit zu qualifizieren. Sie sollten außerdem für die besonderen individuellen Bedarfe von Menschen mit Behinderung in Bezug auf digitale Barrierefreiheit sensibilisiert sein.

Im Betriebs- oder Bildungskontext sollte daher auf die ausschließliche Nutzung von barrierefrei ausgelegten Medien geachtet werden (z. B. mit Textalternativen, Transkripten und/oder Untertiteln – auch bei Webinaren). Es müssen bspw. Videotelefonie-Programme mit automatisierten und kostenfreien Audiotranskriptionsmöglichkeiten oder Programme mit einer entsprechenden Programmschnittstelle angeboten werden (vgl. **Bundesfachstelle Barrierefreiheit**). Auch das Etablieren einer Kultur der digitalen Rücksichtnahme kann zu besseren barrierefreien Zugängen beitragen: Zum Beispiel sollten für Videokonferenzen verbindliche Regeln etabliert – und nachgehalten – werden, die nicht nur für Menschen mit Einschränkungen sinnvoll sein können. Solche Regeln sollten unter anderem Hinweise auf die Terminierung von Videokonferenzen und Einhaltung von „Pufferzeiten", zum Umgang mit Störgeräuschen während Videokonferenzen oder ausreichend geplante Pausenzeiten enthalten.

Wichtig ist außerdem, dass weiterhin verschiedene Kanäle (Telefon/Messenger/Online-Videomeetings) genutzt und Kontakte aktiv aufgesucht werden, um Menschen nicht prinzipiell auszuschließen.

Allerdings gilt es nicht nur an Menschen mit Sinnes- und Körperbehinderung zu denken, sondern auch an Menschen mit einer psychischen und kognitiven Behinderung. Achten Sie daher nicht nur auf die Kompatibilität der Anwendungen zu technischen Hilfsmitteln, sondern auch auf die verwendete Sprache, die Übersichtlichkeit der Darstellung, die Usability der Anwendung etc.

Kann unterstützen bei:

Fehlender Zugang zu Geräten » **Kapitel 3.4**
Fehlende Barrierefreiheit » **Kapitel 3.6**
Umgang mit Videotelefonie-Programmen » **Kapitel 3.7**
Nicht ausreichende Usability » **Kapitel 3.9**

Siehe dazu auch:

- **Akzeptanz von Hilfsmitteln fördern**
- **Bewusstseinsbildende Maßnahmen durchführen**
- **Unterstützung von Betroffenen beim Erlernen neuer Programme**
- **Transparenz über Hilfsmittel fördern**
- **Bedienerfreundlichkeit verbessern**

Hilfreiche Informationen:

- **Bundesfachstelle Barrierefreiheit: Barrierefreie Veranstaltungsplanung**
- **Bundesfachstelle Barrierefreiheit: Barrierefreie Webkonferenzen**
- **Barrierefreiheit Umsetzen – Einfach für Alle – Das Angebot der Aktion Mensch für ein barrierefreies Internet**
- **Der Paritätische Gesamtverband: Checkliste inklusive Online-Veranstaltungen**

4.3 Bewusstseinsbildende Maßnahmen durchführen

Das Verständnis für Barrierefreiheit ist häufig nur bei Personen vorhanden, die im privaten oder beruflichen Kontext selbst (oder nahe Angehörige) davon betroffen sind. Es fehlt ein generelles Verständnis und Bewusstsein für Teilhabe von Menschen mit Behinderung in der Gesamtbevölkerung. Würde jede*r z. B. ganz selbstverständlich Alternativtexte auf X (vormals Twitter), Instagram, LinkedIn oder Xing bereitstellen, dann könnten hier Barrieren abgebaut werden. Dieses fehlende Verständnis spiegelt sich auch in anderen Bereichen wider. Eine stärkere Sensibilisierung für die Notwendigkeit barrierefreier Angebote ist in Entscheidungsbereichen (Verwaltung und Politik) zwingend notwendig, aber auch Arbeitgeber*innen müssen aktiv werden. Beispielhaft kann hier noch einmal die Brücke zum Punkt **Akzeptanz von Hilfsmitteln fördern** sowie **Barrierefreie Zugänge schaffen** geschlagen werden.

Als niederschwellige Möglichkeit mehr Bewusstsein in der Bevölkerung zu schaffen, bieten sich einerseits allgemein angelegte Maßnahmen wie zum Beispiel Inklusionstage an Schulen oder Gebärdensprache als Wahlfach an. Aber auch in der Arbeitswelt sollte – initiiert durch die Unternehmen selbst – ein stärkeres Bewusstsein für Inklusion geschaffen werden. Dies kann einerseits durch Team-Building-Maßnahmen oder Gesundheitstage geschehen, auf der anderen Seite bieten sich aber auch strukturelle Maßnahmen an, wie z. B. die Initiierung und Stärkung von Schwerbehindertenvertretungen sowie Inklusionsstrategien (z. B. Inklusionsvereinbarung, Inklusionsbeauftragte). Solche Gremien müssen aktiv durch Einbindung und adäquate Freistellungen gestärkt werden, nicht zuletzt, um als Bindeglied zwischen Beschäftigten mit Behinderung und Arbeitgebern agieren zu können. Diese Maßnahmen können sowohl betroffenen Beschäftigten, aber auch der gesamten Belegschaft verdeutlichen, dass Inklusion im Unternehmen ein entsprechender Stellenwert zukommt und auch aktiv gelebt werden soll, was demzufolge auch das Bewusstsein für die Belange von Beschäftigten mit Behinderungen stärkt.

Kann unterstützen bei:

Ungeeignete Arbeitsplatzausstattung » **Kapitel 3.3**

Fehlendes Wissen bei Dritten » **Kapitel 3.2**

Nicht ausreichende Usability » **Kapitel 3.9**

Kann unterstützen bei:

Siehe dazu auch:

» **Akzeptanz von Hilfsmitteln fördern**

» **Barrierefreie Zugänge schaffen**

» **Bedien- und digitale Kompetenzen von Betroffenen stärken**

» **Transparenz über Hilfsmittel fördern**

Hilfreiche Informationen:

» **Maßnahmen zur Bewusstseinsförderung und zur generellen Sensibilisierung – eine sozialpolitische Aufgabe (reha-recht.de)**

» **Gemeinsam einfach machen – Bundesministerium für Arbeit und Soziales**

4.4 Betroffene in Entscheidungs- und Entwicklungsprozesse einbinden

Die Einbindung von Betroffenen in Entscheidungs- und Entwicklungsprozesse auf jeglichen Ebenen ist essenziell für die meisten betrieblichen Unternehmungen, egal ob bei Entwicklungsprozessen oder der Beschaffung von z. B. digitalen Anwendungen. Ziel sollte immer sein, die bereits im Unternehmen vorhandene Expertise in Form von Betroffenen so gut wie möglich zu nutzen, um Nachsteuerungsprozesse oder Benachteiligungen zu vermeiden. Außerdem kann so sichergestellt werden, dass eingeführte Anwendungen oder Prozesse die Bedarfe der Betroffenen treffen.

Doch auch bei der Erarbeitung und Einrichtung eines barrierefreien Arbeitsumfeldes sollten Betroffene eingebunden werden. So können sie bspw. durch ihre eigenen Erfahrungen dabei unterstützen, Team-Events barrierefrei zu gestalten. Darüber hinaus können Betroffene selbst am besten benennen, ob und wo im Unternehmen noch blinde Flecken in Bezug auf Inklusion vorherrschen und wie diese aus Betroffenensicht am besten behoben werden sollten. Wegweisend sollte hier immer der Gedanke der Expertinnen und Experten in eigener Sache verfolgt werden. Eine Einbindung Betroffener kann zum Beispiel durch die Einholung der Meinung Einzelner gelingen; in größeren Unternehmen ist es durchaus vorstellbar, die Zusammenarbeit mit einer Schwerbehindertenvertretung oder einer/einem Inklusionsbeauftragten zu verstärken und damit die Interessen einer ganzen Belegschaftsgruppe im Blick zu behalten.

Kann unterstützen bei:

Ungeeignete Arbeitsplatzausstattung » **Kapitel 3.3**

Fehlendes Wissen bei Dritten » **Kapitel 3.2**

Fehlender Zugang zu Geräten » **Kapitel 3.4**

Fehlende Barrierefreiheit digitaler Technologien » **Kapitel 3.6**

Nicht ausreichende Bedienkompetenzen/Digital Literacy » **Kapitel 3.8**

Nicht ausreichende Usability » **Kapitel 3.9**

Fehlende Kompatibilität von Assistenzsystemen » **Kapitel 3.10**

Siehe dazu auch:

» **Bewusstseinsbildende Maßnahmen durchführen**

» **Transparenz über Hilfsmittel fördern**

» **Strukturierung von außen anbieten**

» **Bedienerfreundlichkeit verbessern**

Hilfreiche Informationen:

» **Ratgeber: Inklusionsbeauftragte des Arbeitgebers (Bundesarbeitsgemeinschaft der Integrationsämter und Hauptfürsorgestellen)**

» **Ratgeber: Inklusionsvereinbarung (Bundesarbeitsgemeinschaft der Integrationsämter und Hauptfürsorgestellen)**

4.5 Einheitliche Ansprechstellen einrichten

Aktuell sehen sich Menschen mit Behinderung einer großen Vielzahl an Informationen bei der Nutzung digitaler Medien und Technologien ausgesetzt. Dies führt schnell zu einer Reizüberflutung und erschwert somit zusätzlich die Teilhabe, v. a. für Menschen mit psychischen oder kognitiven Behinderungen. Zudem gibt es eine Vielzahl an Hilfsangeboten oder finanziellen Unterstützungsmöglichkeiten, die Informationen hierüber sind im digitalen Netz aber oft verstreut und ein Überblick schwer zu erhalten. Eine Bündelung von Angeboten, im besten Falle „aus einer Hand", wäre hier hilfreich. Hierzu müssen ggf. auch Angebote verschlankt werden, um langfristig anwendbar zu bleiben. Eine Bündelung oder die Zusammenlegung von Angeboten würden helfen, einen Überblick zu schaffen. Über solch eine angepasste Struktur ließen sich darüber hinaus Netzwerke besser ausbilden und das Selbstwirksamkeitserleben verstärken.

Eine abgestimmte und transparente Zusammenarbeit der unterschiedlichsten Beratungsstrukturen für Menschen mit Behinderung und deren persönlichem und betrieblichen Umfeld wird als hilfreich empfunden. Ein kluge und sinnhafte Schnittstellengestaltung zwischen den einzelnen Unterstützereinrichtungen mindert gegenläufige Information und Hilfestellung und verbessert im Sinne der „Hilfe aus einer Hand" die Gestaltung entlang des Unterstützungsprozesses.

Aber auch in betrieblichen Kontexten ist es sinnvoll, einheitliche Ansprechstellen für die Belange von Menschen mit Behinderung einzurichten, an die sich Betroffene im Bedarfsfall wenden können. Eine Koppelung an Schwerbehindertenvertretungen kann sinnvoll sein, dabei ist aber zu berücksichtigen, dass nicht alle Menschen mit Behinderung automatisch über einen Schwerbehindertenstatus verfügen. Daher erscheint die Einrichtung einer/eines Inklusionsbeauftragten oder bei großen Unternehmen einer ganze Stabsstelle hier als sinnvolle Alternative, um als mögliche Schnitt- und Clearingstelle zu Hilfs- und Beratungsangeboten zu fungieren. Dort sollten Kompetenzen vorgehalten werden, um bei verschiedensten Herausforderungen zu unterstützen, was auch die Einrichtung und Pflege von externen Netzwerken zum Beispiel zu Rehabilitationsträgern oder gemeinnützigen Beratungsstellen einschließen sollte. Gleichzeitig können sie bspw. in die Planung von Prozessen, die Anschaffung oder Bereitstellung digitaler Tools und Hilfsmittel, aber auch bei Personalentwicklungsprogrammen einbezogen werden.

Kann unterstützen bei:

Nicht ausreichende Bedienkompetenz/Digital Literacy » **Kapitel 3.8**
Fehlendes Wissen bei Dritten » **Kapitel 3.2**
Fehlender Zugang zu Geräten » **Kapitel 3.4**
Fehlende Kompatibilität von Assistenzsystemen » **Kapitel 3.10**
Umgang mit Videotelefonie-Programmen » **Kapitel 3.7**
Ungeeignete Arbeitsplatzausstattung » **Kapitel 3.3**
Unzureichende Kommunikation » **Kapitel 3.5**

Siehe dazu auch:

» Betroffene in Entscheidungs- und Entwicklungsprozesse einbinden
» Bewusstseinsbildende Maßnahmen, Transparenz über Hilfsmittel

Kann unterstützen bei:

Hilfreiche Informationen:

» **Ratgeber: Inklusionsbeauftragte des Arbeitgebers (Bundesarbeitsgemeinschaft der Integrationsämter und Hauptfürsorgestellen)**

» **Ratgeber: Inklusionsvereinbarung (Bundesarbeitsgemeinschaft der Integrationsämter und Hauptfürsorgestellen)**

4.6 Bedien- und digitale Kompetenzen Betroffener stärken

Vor allem notwendige Kompetenzen, um digitale Technologien und Medien zu bedienen und umfänglich nutzen zu können, werden oft nur ungenügend erworben, entweder weil eine vorhandene Kompetenzvermittlung nicht adressatengerecht umgesetzt wurde oder weil sie nicht tiefgreifend genug stattgefunden hat.

Erster Schritt muss dabei aber vor allem in Bildungseinrichtungen oder sonstigen Hilfesystemen mit Bildungsauftrag der Kompetenzaufbau beim Bildungspersonal sein. Nur wenn sich Hilfesysteme selbst für digitale Medien und Technologien öffnen und das Personal über entsprechende Kompetenzen verfügt, kann es entsprechende digitale Kompetenzen pädagogisch adäquat aufbereitet weitergeben und Betroffene in ihrem eigenen Kompetenzerwerb und -aufbau unterstützen.

Zusätzlich ist es notwendig, zielgerichtete und adressatenorientierte Konzepte anzubieten und umzusetzen sowie immer wieder zu evaluieren, auch unter Einbeziehung von Betroffenen als Expertinnen und Experten in eigener Sache (» **Betroffene in Entscheidungs- und Entwicklungsprozesse einbinden**). Auch die Etablierung einer Ansprechperson für digitale Belange kann in bestimmten Konstellationen förderlich für die Verstetigung und Erweiterung bereits vorhandener Bedienkompetenzen sein. Daher sollte in Weiterbildungen des Personals mit Blick auf digitales Lehren, Lernen und Arbeiten investiert werden. Dazu muss im Unternehmen ein organisationaler Rahmen gesetzt werden, um diese Weiterbildungen systematisch einzuführen. Unter den hilfreichen Informationen finden sich der MEKO-ORGAcheck sowie ein Leitfaden, die bei der Einführung einer digitalen Lernkultur unterstützen.

Auch das Schaffen von barrierefreien Zugängen kann helfen, Bedienkompetenzen zu stärken: Es kann eine Verschlankung der notwendigen Kompetenzen stattfinden und Betroffene können sich auf das Einüben zentraler Fähigkeiten konzent-

rieren, statt sich mit einer Vielzahl möglicherweise verwirrender Funktionen befassen zu müssen (» Barrierefreie Zugänge schaffen).

Kann unterstützen bei:

Nicht ausreichende Bedienkompetenz/Digital Literacy » **Kapitel 3.8**
Umgang mit Videotelefonie-Programmen » **Kapitel 3.7**

Siehe dazu auch:
» **Betroffene in Entscheidungs- und Entwicklungsprozesse einbinden**
» **Barrierefreie Zugänge schaffen**

Hilfreiche Informationen:
- » **MEKO-ORGAcheck**
- » **Leitfaden für die Bildungspraxis: Digitalisierung in der beruflichen Rehabilitation. Wie die Implementierung einer digitalen Lernkultur gelingen kann.**
- » **Medienkompetenzaufbau in Einrichtungen beruflicher Rehabilitation – vom Betreuenden zum Teilnehmenden**

4.7 Feste Ansprechpersonen einsetzen

In bestimmten Konstellationen kann es sinnvoll sein, zusätzlich zu einer einheitlichen Ansprechstelle die Möglichkeit eines festen Ansprechpartners bzw. einer festen Ansprechpartnerin zu schaffen. Vor allem bei Personen, die Schwierigkeiten haben, Arbeitsabläufe selbstständig zu verinnerlichen oder generell große Unsicherheiten äußern, kann es hilfreich sein, ein Paten- oder Mentorensystem, möglicherweise auch im Peer-to-Peer-Bereich zu etablieren. Diese Patin bzw. dieser Pate sollte dabei klar von einer Ansprechstelle abgegrenzte Aufgaben übernehmen, die nicht in erster Linie das Ziel verfolgen, Inklusion weiter voranzutreiben, sondern der betroffenen Person ein Gefühl der Sicherheit zu vermitteln. Vor allem allgemeine und grundlegende Fragen zu Abläufen oder Prozessen sollten hier platziert werden können, aber auch Sorgen und Unsicherheiten ohne direkten fachlichen Bezug zur Tätigkeit sollten bearbeitet werden. Ziel kann allerdings nicht sein, dass diese Unsicherheiten und Sorgen bei der Ansprechperson abgeladen werden, vielmehr sollte es hier darum gehen, die richtige Ansprechpartnerin bzw. den richtigen Ansprechpartner für diese Probleme herauszufinden und diese (wenn notwendig) gemeinsam anzusprechen. Damit ein solches System funktionieren kann, benötigt es in Unternehmen allerdings klare Absprachen und Zuständigkeitsstrukturen, da eine Lotsenfunktion ansonsten nicht sinnvoll wahrgenommen werden kann.

Kann unterstützen bei:

Unzureichende Kommunikation » **Kapitel 3.5**

Umgang mit Videotelefonie-Programmen » **Kapitel 3.7**

Nicht ausreichende Bedienkompetenzen/Digital Literacy » **Kapitel 3.8**

Nicht ausreichende Usability » **Kapitel 3.9**

Fehlende Sozialkontakte » **Kapitel 3.1**

Siehe dazu auch:

» Betroffene in Entscheidungs- und Entwicklungsprozesse einbinden

» Bewusstseinsbildende Maßnahmen durchführen

» Unterstützung von Betroffenen beim Erlernen neuer Programme

Hilfreiche Informationen:

» LAGOK-BW: Empfehlungen für gelungene Mentoring-Beziehungen

4.8 Raum für Sozialkontakte ermöglichen

Um der Isolation zum Beispiel durch Homeoffice oder mobiles Arbeiten entgegenzuwirken, ist es wichtig, Möglichkeiten zu schaffen, in denen Mitarbeitende oder Teilnehmende informell miteinander in Kontakt und Austausch treten und gemeinsam sozialisieren können. Eine Möglichkeit kann hier die Schaffung fester Ansprechtandems sein, die einen kontinuierlichen Austausch unterstützen (» Feste Ansprechpersonen einsetzen).

Eine gute Möglichkeit, um darüber hinaus auch für eine vertiefte Sensibilisierung und Entstigmatisierung von Menschen mit Behinderungen zu sorgen, kann die Einrichtung inklusiver Tandems sein.

Daneben sollte über Veränderungen von z. B. betrieblichen Rahmenbedingungen nachgedacht werden; eine gute Option wäre – wenn betrieblich möglich – die Einrichtung einer flexiblen Arbeitsortgestaltung, um den Verlust sozialer Unterstützungsnetzwerke zum Beispiel durch einen dienstlich bedingten Umzug zu vermeiden. Dabei muss jedoch immer genau abgewogen werden, inwiefern es nicht zu einer Übernutzung digitaler Technologien und somit zu einer „modernen Akkordarbeit“ kommt, welche sich wieder negativ auf die Gesundheit Betroffener auswirken kann.

In Zeiten von Online-Meetings oder digitaler Gruppenbeschulung geht darüber hinaus häufig die Möglichkeit zu bilateralen Gesprächen verloren. Daher müssen bewusst Möglichkeiten oder Anlässe für Gespräche unter vier Augen geschaffen werden. Wichtig ist, mehr Kommunikation auch mit der Führungskraft herzustellen – nicht nur zu fachlichen Fragen, sondern auch zum Wohlbefinden oder ob noch Hilfestellungen oder Hilfsmittel benötigt werden. Es ist wichtig, regelmäßig im Kontakt zu bleiben und ein entsprechendes betriebliches inklusives Umfeld zu gestalten

Soziale und zwischenmenschliche Kontakte sollten im Arbeitskontext als ein Recht verstanden werden, um die Anforderungen der Digitalisierung auszugleichen.

Kann unterstützen bei:

Fehlende Sozialkontakte » **Kapitel 3.1**

Fehlendes Wissen bei Dritten » **Kapitel 3.2**

Ungeeignete Arbeitsplatzausstattung » **Kapitel 3.3**

Siehe dazu auch:

» **Bewusstseinsbildende Maßnahmen durchführen**

» **Feste Ansprechpersonen einsetzen**

» **Akzeptanz von Hilfsmitteln fördern**

» **Barrierefreie Zugänge schaffen**

» **Betroffene in Entscheidungs- und Entwicklungsprozesse einbinden**

4.9 Strukturierung von außen anbieten

Gerade bei einer erhöhten Nutzung digitaler Technologien oder Medien, vor allem am Arbeitsplatz, kann es bei bestimmten Personengruppen zu einer erhöhten Ablenkbarkeit oder einer Abnahme der Konzentrationsspanne kommen. Vor allem „moderne Akkordarbeit“, zu der die Nutzung von z. B. Videotelefonieprogrammen gern verleitet, da Meetings ohne Pausen aneinandergereiht werden können, um die Arbeitszeit möglich effizient zu nutzen, kann zu diesen Problemen führen.

Aber auch die Möglichkeiten, im Homeoffice eigenverantwortlich zu arbeiten, ohne Kontaktnot zu Kolleginnen und Kollegen oder Vorgesetzten, oder die natürliche Strukturierung des Arbeitsalltags durch Hin- und Rückweg zur Arbeitsstätte sowie Pausenzeiten (Kaffeepause, Mittagspause) können dafür sorgen, dass soziale Kontakte und vor allem die Gesundheit nicht nur von Menschen mit Behinderungen leiden.

Daher kann es notwendig sein, Mitarbeitenden mit Behinderung eine Strukturierung von außen im Sinne der Gesundheitsfürsorge des Arbeitgebers anzubieten. Die Notwendigkeit sollte vor allem in Einzelkontakten wie dem regelmäßigen Mitarbeitergespräch im Dialog geprüft werden. Keinesfalls sollte dieses Angebot von Führungskräften als „aufgezwungen" und kontrollierend empfunden werden, damit es gelingen kann. Außerdem sollten Art und Umfang der Strukturierung gemeinsam festgelegt werden, damit sie den Bedürfnissen der betroffenen Person entsprechen. Dies kann von einer täglichen über eine wöchentliche Aufgabenzuteilung bis hin zur Vereinbarung bestimmter Deadlines reichen. Die Grenzen sind ausschließlich durch die Bedürfnisse der Betroffenen gesetzt.

Ein offener Dialog miteinander und bei Bedarf eine Nachsteuerung der Strukturierung sind zwingend erforderlich, damit diese Art von Führung funktionieren kann.

Kann unterstützen bei:

Fehlende Sozialkontakte » **Kapitel 3.1**

Siehe dazu auch:

» **Bewusstseinsbildende Maßnahmen durchführen**
» **Feste Ansprechpersonen einsetzen**
» **Betroffene in Entscheidungs- und Entwicklungsprozesse einbinden**

4.10 Transparenz über Hilfsmittel herstellen

Es gibt eine Vielzahl potenzieller Hilfsmittel oder technischer Arbeitshilfen für Menschen mit Behinderungen. In den meisten Fällen führt die Fülle der Angebote und Möglichkeiten allerdings zur Überforderung, sodass es zu einem Informationsdefizit kommt und kein Hilfsmittel oder nicht das passende Hilfsmittel angeschafft wird.

Eine Möglichkeit, Transparenz zu schaffen, ist beispielsweise die Teilnahme an oder Etablierung eines Helfernetzwerks zur Befähigung bzw. Unterstützung in Sachen digitaler Teilhabe. Menschen mit Behinderungen, aber auch Unternehmensvertretungen, die für die Verbesserung der Inklusion in Unternehmen zuständig sind, haben hier die Möglichkeiten, sich im Sinne einer Peer-Beratung Ideen und Unterstützung zu holen. Über solch ein Netzwerk besteht zudem die Chance, sich mit Menschen zu vernetzen, die vor ähnlichen Herausforderungen stehen bzw. diese vielleicht auch schon bewältigt haben, und somit betriebliche Herausforderungen ohne große Probleme lösen zu können.

Auch die Verstärkung von Netzwerkbeziehungen zu Leistungsträgern oder Hilfsorganisationen sollten von Unternehmen in den Blick genommen werden, da gerade Leistungserbringer für eine etwaige Finanzierungsfrage zuständig sind. Letztendlich ist es wichtig, hier ein gutes Netzwerk zu pflegen, um Fragen direkt klären zu können.

Wichtige Ansprechstellen sind u. a. die Einheitlichen Ansprechstellen für Arbeitgeber (EAA). Diese informieren, beraten und unterstützen Unternehmen bei der Ausbildung, Einstellung und Beschäftigung von Menschen mit Schwerbehinderung oder Gleichstellung.

Kann unterstützen bei:

Fehlender Zugang zu Geräten » **Kapitel 3.1**
Fehlendes Wissen bei Dritten » **Kapitel 3.2**
Ungeeignete Arbeitsplatzausstattung » **Kapitel 3.3**
Fehlende Kompatibilität von Assistenzsystemen » **Kapitel 3.10**

Siehe dazu auch:

» Akzeptanz von Hilfsmitteln fördern
» Barrierefreie Zugänge schaffen
» Betroffene in Entscheidungs- und Entwicklungsprozesse einbinden
» Einheitliche Ansprechstelle schaffen

Hilfreiche Informationen:

» Rehadat: Einheitliche Ansprechstellen für Arbeitgeber (EAA)

4.11 Unterstützung von Betroffenen beim Erlernen neuer Programme

Sollten im Unternehmen oder in Maßnahmen neue Programme eingeführt werden, ist es wichtig, alle Mitarbeitenden in diesem Prozess mitzunehmen. Kurze, barrierefreie und niederschwellige Anleitungen zur Unterstützung von Betroffenen können dabei helfen, die Frustration beim Erlernen neuer Programme für Betroffene zu vermeiden.

Idealerweise gibt es unterstützend eine einheitliche Ansprechstelle oder eine Ansprechperson, bei der Betroffene im Bedarfsfall schnell und einfach Hilfe beim Erlernen der neuen digitalen Programme und Anwendungen erhalten (**» Feste Ansprechpersonen einsetzen**). Wichtig ist aber, diese Aufgabe nicht allein an eine etwaige Tandemperson abzugeben, sondern die Hilfen durch ein Tandem lediglich als flankierende Maßnahme zu betrachten.

Betroffene sollten nach wie vor durch unternehmensseitig organisierte Einarbeitungsformate im Erlernen neuer Programme unterstützt werden; die Einarbeitungsformate müssen dabei auf die behinderungsbedingten Bedürfnisse der Betroffenen ausgerichtet sein, statt einen „One-size-fits-all"-Ansatz zu verfolgen. Um die Bedarfe entsprechend zu identifizieren, sollten zum Beispiel Schwerbehindertenvertretungen oder Inklusionsbeauftragte oder aber auch generell Betroffene aus der Belegschaft eingebunden werden (**» Betroffene in Entscheidungs- und Entwicklungsprozesse einbinden**).

Kann unterstützen bei:

Fehlendes Wissen bei Dritten » **Kapitel 3.2**
Umgang mit Videotelefonie-Programmen » **Kapitel 3.7**
Fehlende Barrierefreiheit digitaler Technologien » **Kapitel 3.6**
Nicht ausreichende Usability » **Kapitel 3.9**

Siehe dazu auch:
» Barrierefreie Zugänge schaffen
» Betroffene in Entscheidungs- und Entwicklungsprozesse einbinden
» Einheitliche Ansprechstelle schaffen
» Feste Ansprechpersonen einsetzen

4.12 Bedienerfreundlichkeit verbessern

Es sollte darauf geachtet werden, dass digitale Anwendungen und Programme barrierefrei entwickelt oder beschafft werden. Hier ist ein aktives Einbeziehen von Unterstützungsstrukturen hilfreich, die sich mit dem Thema auskennen (zum Beispiel: Familie, Freunde, technikaffine Kolleginnen und Kollegen, etc.). In erster Linie ist aber das Einbinden von Betroffenen als Expertinnen und Experten in eigener Sache als Mittel der Wahl zu sehen (**» Betroffene in Entscheidungs- und Entwicklungsprozesse einbinden**).

Grundsätzlich werden aus Sicht der Betroffenen übersichtliche Bedienoberflächen begrüßt: Diese sollten wenige Buttons haben und der Text ist auf das Wichtigste zu reduzieren, sodass eine gute Strukturierung und Übersichtlichkeit hergestellt wird (z. B. bei betriebsinternen Anwendungen, die lokal angepasst werden können). Auch Schnittstellenmöglichkeiten zu etwaigen Hilfsmitteln oder Arbeitshilfen sollten von vornherein berücksichtigt werden; dies führt zu weniger Reibungsverlusten bei einer möglicherweise im Nachhinein notwendigen Anpassung, die mit großem Aufwand und in letzter Instanz einer Neubeschaffung verbunden sein kann.

Da auch das Merken von Passwörtern eine große Barriere darstellt, sollten alternative Absicherungsmöglichkeiten zu vielfältigen Passwörtern geschaffen werden, um die Merkfähigkeit betroffener Personen nicht zu strapazieren. Dies ist z. B. über Gesichtserkennung, Fingerabdruck, etc. möglich. Hier sollte vor allem bei Neubeschaffungen darauf geachtet werden, dass Programme die Möglichkeit einer individuellen Anpassung all dieser Funktionen aufweisen, um eine individuell auf betroffene Personen abgestimmte Benutzeroberfläche zu ermöglichen und so allen Bedürfnissen adäquat begegnen zu können.

Kann unterstützen bei:

Fehlende Barrierefreiheit digitaler Technologien » **Kapitel 3.6**

Nicht ausreichende Usability » **Kapitel 3.9**

Fehlende Kompatibilität von Assistenzsystemen » **Kapitel 3.10**

Ungeeignete Arbeitsplatzausstattung » **Kapitel 3.3**

Siehe dazu auch:

» **Barrierefreie Zugänge schaffen**

» **Betroffene in Entscheidungs- und Entwicklungsprozesse einbinden**

» **Akzeptanz von Hilfsmitteln fördern**

Hilfreiche Informationen:

» **Bundesfachstelle Barrierefreiheit: Barrierefreie Webkonferenzen**

» **Barrierefreiheit Umsetzen – Einfach für Alle – Das Angebot der Aktion Mensch für ein barrierefreies Internet**

» **Bundesfachstelle Barrierefreiheit: Barrierefreie Software**

Schlusswort

Wir möchten darauf hinweisen, dass dieser Leitfaden als Wegweiser und Inspiration dienen soll, um bei der Bewältigung verschiedenster Aufgaben und Herausforderungen der Digitalisierung zu helfen – unabhängig von Fähigkeiten, Einschränkungen oder Hintergründen. Inklusion spielt eine zentrale Rolle in unserer Gesellschaft und es ist wichtig, dass jeder Mensch die gleichen Chancen und Möglichkeiten erhält. Dabei ist es wichtig, Menschen mit Behinderungen als Expertinnen und Experten in eigener Sache miteinzubeziehen.

Diesem Ziel sind wir mithilfe dieses Leitfadens hoffentlich ein Stück nähergekommen, indem wir inklusive Ansätze und Strategien aufzeigen, die darauf abzielen, Menschen mit unterschiedlichsten Einschränkungen am gesellschaftlichen Leben, in der digitalen Welt und vor allem auch im Arbeits- und Bildungsleben einzubeziehen und in ihren Teilhabemöglichkeiten zu stärken. Wir haben uns bemüht, Ratschläge und Techniken bereitzustellen, die für alle zugänglich sind und keine Barrieren schaffen.

Inklusion ist nicht nur eine Verantwortung der Gesellschaft, sondern stellt auch eine individuelle Verpflichtung dar. Jede*r Einzelne von uns kann dazu beitragen, eine inklusivere Umgebung zu schaffen, indem wir auf die Bedürfnisse anderer achten und ihnen im gemeinsamen Gespräch Unterstützung anbieten und Verständnis füreinander entwickeln. Hierfür müssen wir aber schrittweise ein Bewusstsein entwickeln und in unserem täglichen Handeln berücksichtigen.

Wichtig ist noch einmal zu betonen, dass jeder Mensch einzigartig ist und individuelle Bedürfnisse hat. Die vorgestellten Hinweise und Lösungsideen können daher immer nur als erster Impuls dienen und sollten immer an die persönlichen Umstände angepasst werden. Seien Sie offen für verschiedene Perspektiven und nutzen Sie die beschriebenen Ideen als Leitfaden für ein inklusives Miteinander.

Ihr Team von digitaleTeilhaBe

Literatur

Blanc, B., & Beudt, B. (2022). Monitoring KI-gestützter Assistenztechnologien für Menschen mit Behinderungen. Ergebnisbericht des Projekts KI.ASSIST. Bundesverband Deutscher Berufsförderungswerke e. V.

Borgstedt, S., & Möller-Slawinski, H. (2020). Digitale Teilhabe von Menschen mit Behinderung (S. 81). Aktion Mensch e. V.

Bosse, I. (2016). Teilhabe in einer digitalen Gesellschaft – Wie Medien Inklusionsprozesse befördern können. **https://www.bpb.de/themen/medien-journalismus/medienpolitik/172759/teilhabe-in-einer-digitalen-gesellschaft-wie-medien-inklusionsprozesse-befoerdern-koennen/**

Bosse, I., & Haage, A. (2020). Digitalisierung in der Behindertenhilfe. In Handbuch Soziale Arbeit und Digitalisierung (S. 529–539).

Bundesarbeitsgemeinschaft für Rehabilitation e. V. (Hrsg.) (2021). Digitale Teilhabe ist Soziale Teilhabe. Reha-Info, 06/21, 4–5.

Chadwick, D., Wesson, C., & Fullwood, C. (2013). Internet Access by People with Intellectual Disabilities: Inequalities and Opportunities. Future Internet, 5(3), 376–397. **https://doi.org/10.3390/fi5030376**

Dengler, K., & Matthes, B. (2021). Folgen des technologischen Wandels für den Arbeitsmarkt: Auch komplexere Tätigkeiten könnten zunehmend automatisiert werden. **http://hdl.handle.net/10419/240181**

Döring, L., Esper, I., Kretschmer, S., Ney, M. E. W., Mrech, H., Richter, K., Schlichthaar, V., & Scholz, S. (2022). Hybride Arbeitsmodelle – Perspektive „New Work" für Sachsen-Anhalt: Ergebnisse und Handlungsempfehlungen aus der Arbeit des Zukunftszentrums Digitale Arbeit Sachsen-Anhalt. Forschungsinstitut Betriebliche Bildung gGmbH. **https://nbn-resolving.org/urn:nbn:de:0168-ssoar-81670-2**

Engels, D. (2016). Chancen und Risiken der Digitalisierung der Arbeitswelt für die Beschäftigung von Menschen mit Behinderung. (Forschungsbericht/ Bundesministerium für Arbeit und Soziales, FB467). Bundesministerium für Arbeit und Soziales; ISG – Institut für Sozialforschung und Gesellschaftspolitik GmbH. **https://nbn-resolving.org/urn:nbn:de:0168-ssoar-47065-3**

Helmold, M. (2023). New Work, transformatorische und virtuelle Führung: Was wir aus aktuellen Krisen lernen können. Springer Nature Switzerland.

Johansson, S., Gulliksen, J., & Gustavsson, C. (2021). Disability digital divide: The use of the internet, smartphones, computers and tablets among people with disabilities in Sweden. Universal Access in the Information Society, 20(1), 105–120. **https://doi.org/10.1007/s10209-020-00714-x**

Keuchel, S. (2018). Mediale Präsenz von Menschen mit Behinderung. Kunst, Kultur und Inklusion. Menschen mit Behinderung in Presse, Film und Fernsehen: Darstellung und Berichterstattung. 3, 22–23.

Kreider I., Kreuder-Schock, M., Lorenz, S., & Schley, T. (2023). Inklusion und Digitalisierung – Zwischen Chancen und Herausforderungen digitaler Teilhabe von Menschen mit Behinderung. In: K. Kögler, K., H. Kremer & V. Herkner (Hrsg.): Jahrbuch der berufs- und wirtschaftspädagogischen Forschung 2023. Opladen. Berlin. Toronto: Verlag Barbara Budrich.

Kreuder-Schock, M., Lietz, S., Kreider, I., Lorenz, S., & Schley, T. (2024). Strukturelle Barrieren digitaler Teilhabe: Handlungsfelder für politische Aktivitäten. f-bb-online 02/24.

Lorenz, S., Kreuder-Schock, M., Kreider, I., Lietz, S., & Schley, T. (2023). Digitale Teilhabe von Menschen mit Behinderung – Erste Erkenntnisse zu Möglichkeiten und Herausforderungen der Digitalisierung im Arbeitsleben. In: QfI – Qualifizierung für Inklusion, Online-Zeitschrift zur Forschung über Aus-, Fort- und Weiterbildung pädagogischer Fachkräfte, Bd. 5 Nr. 2 (2023)

Lorenz, S., Wester, A. M., & Rothaug, E. (2020). Medienkompetenzaufbau in Einrichtungen beruflicher Rehabilitation – Vom Betreuenden zum Teilnehmenden. In: Deutsche Rentenversicherung Bund (Hrsg.) (2020): Tagungsband zum 29. Rehabilitationswissenschaftlichen Kolloquium. DRV-Schriften, Bd. 120. **https://www.deutsche-rentenversicherung.de/SharedDocs/Downloads/DE/Experten/reha_forschung/reha_kolloquium/TB-29Reha-Koll.html**

Wieschowski, S. (2021). Digitale Teilhabe von Menschen mit Behinderungen? Gesundheits- und Sozialpolitik, 75, 78–83. **https://doi.org/10.5771/1611-5821-2021-4-5-78**

Anhang 1 : Textdarstellung zu Abbildung 2

Forschungsablauf

Die Ergebnisse des Online-Fragebogens (Quantitative Erhebung) mit n = 136 fließen in die Ergebnisse der leitfadengestützten Interviews (Qualitative Erhebung) ein mit n = 8. Die Ergebnisse des Online-Fragebogens werden zudem in der ersten Zukunftswerkstatt (Kritikphase) genutzt. Alle Ergebnisse fließen in die zweite Zukunftswerkstatt (Utopiephase) sowie auch die dritte Zukunftswerkstatt (Lösungsfindung) ein. Alle erhobenen Ergebnisse wurden gemeinsam ausgewertet (Auswertung) und dann für die Leitfadenerstellung genutzt.

Anhang 2 : Textdarstellung zu Abbildung 3

Die Zukunftswerkstätten sind in drei Phasen aufgebaut. Phase 1 ist die Beschwerde- und Kritikphase, Phase 2 die Fantasie- und Utopiephase und Phase 3 die Verwirklichungs- und Praxisphase. Alle drei Phasen fließen in die Erarbeitung eines Zukunftkonstrukts ein.

Anhang 3 : Datentabelle zu Abbildung 4

Barriere	Nennungen (Dokumente)	Prozent
fehlende Barrierefreiheit	12	46,15
fehlende Sozialkontakte	9	42,86
Videotelefonie	8	30,77
Fehlendes Wissen bei Dritten	6	28,57
Digital Literacy/Bedienkompetenzen	7	26,92
Arbeitsplatzausstattung	5	23,81
Zugang zu Geräten	5	23,81
Kommunikation	5	23,81
Usability	6	23,08
fehlende Kompatibilität von Assistenzsystemen	6	23,08